樂律

心理學升級
溝通力

從不得不聽到選擇傾聽

無聲勝有聲！用心交流勝過情緒宣洩，
溝通中獲得有價值的資訊

李豐豔 —— 著

以真摯的情感打動人心，言語變得更有魅力
眼神和肢體語言成為你的溝通利器
用心交流，建立穩固的人際關係

讓你在生活和職場中游刃有餘
透過與自我對話，提升價值

目錄

目錄

前言

在家庭中，我們需要和家人進行溝通，使家庭的關係更為和睦；在工作上，我們需要和同事溝通，使我們更便捷高效地完成工作；在日常生活中，我們需要和朋友溝通，營造良好的人際關係。在這個「人脈即是商脈」的時代中，溝通已經成為人類生存和發展過程中尤為重要的一門必修課。而掌握一定的心理學知識，有助於我們提升自己的溝通技巧，改善我們的工作與生活，提升快樂感與成就感。

從心理學角度看，人是群居動物，每個人都有被他人了解的需求和渴望。許多罹患精神分裂症的人之所以選擇自殺，就是因為沒有人能夠了解他們的感受、與之進行有效溝通。在關於精神分裂症的動畫短片《思覺失調》（*Skhizein*）中，主角亨利看到一塊一百五十噸重的隕石朝著自己飛過來，隕石沒有擊中他的身體，而是砸到了對面大樓的天線，但亨利卻發現自己的意識與肉體發生了九十一公分的偏離。亨利無比恐慌，但沒有人能夠體會他的感受，就連心理醫生都不相信他所說的話。在這個世界上他是孤獨的，沒有人和他交流，也沒有人願意試著了解他的困境，他只能依仗自己

的力量。他本打算藉助隕石的力量使自己的意識和生活回歸原位，但不幸的是，當他第二次被隕石擊中的時候，他發現自己在精神偏離肉體的基礎上，又下降了七十五公分。最後，孤獨的亨利在樓上縱身一躍，終結了自己的生命。

著名的現實主義戲劇作家蕭伯納（George Bernard Shaw）說過：「你有一個蘋果，我有一個蘋果，彼此交換一下，我們仍然是各有一個蘋果。但你有一種思想，我有一種思想，彼此交換，我們就都有了兩種思想，甚至更多。」溝通，就是人們交換思想的過程。為了達到一個雙方都認可的目標，把彼此的資訊、思想和情感相互傳遞，感受對方的心理體驗，產生一定的共鳴並達成目標，這就是溝通的目的，也是心理的必需。

心理學家認為溝通在我們生活中所產生的作用，並不像我們所想的那樣單一，高品質的溝通常常會帶來高品質的生活。對於個人來說，良好的溝通能夠為我們帶來穩固的友誼，令我們的精神狀態積極健康，心情愉悅。在工作中，高效的溝通能夠極好地拓展我們的人際關係，減少人與人之間的誤解，讓我們在職場上獲得更多的與他人合作和發展自身的機會。在企業管理中，溝通也是管理工作的靈魂和企業發展的基礎。在管理學中有這樣一個觀點：70%以上的管理問題都是溝通問題。也就是說，良好的溝通至少可以幫我們解

決 70%的問題。良性溝通不僅能夠顯示出對他人的尊重與信任，使之產生歸屬感，有效地增強企業的凝聚力，還能夠節省時間、減少重複的工作，提升工作效率。

　　本書結合心理學知識，從訴說、傾聽、非語言、職場、情感、幽默、自我這幾個角度對溝通的各方面進行了詳細而深刻的闡述，將簡單實用的溝通技巧一一介紹，以饗讀者。我們都應該以認真端正的態度重新認識溝通，正視並妥善地運用心理學溝通技巧，如此才能夠讓我們的生活更加輕鬆、簡單和美好。

Part1

說是藝術 —— 魅力說之道

　　說話是一門藝術，需要智商，更需要情商。不管你是天性木訥、不善言談的內向性格，還是自我感覺良好到想不理誰就不理誰的外向性格，都絕對不能隨心所欲、目光短淺地應對所有溝通，那些想用「呵呵」二字以不變應萬變的懶人，他們的情商急需提高。

「呵呵」與「哦」── 無回應的絕境

　　網路的普及使得人們，尤其是年輕人，對網路的依賴逐漸增強，如今網路聊天工具已然取代了常規意義上的聯絡手段 ── 書信、市話、簡訊等，成為人們生活中必不可少的一部分。可是，人們在享受網路聊天帶來的便利與快捷的同時，也不得不承受某些網路聊天用語帶來的心理絕境。

　　一項名為「最傷人聊天詞彙」的網路調查顯示：在網路聊天時，「最讓人不爽的詞」莫過於「呵呵」、「哦」、「額」等詞彙，其中「呵呵」以絕對優勢摘得桂冠，成為公認的「最傷人聊天詞彙」。為此，有網友略帶酸楚和無奈地諷刺道：「流言止於智者，聊天止於『呵呵』，分手緣於『哦』。」

　　面對面的溝通交流中，笑聲無疑是最具有回饋愉悅功能的訊號，笑聲可以抒情，還可以用來調節氣氛，一旦交談出現尷尬、僵持的狀況，笑容是最有效的救命稻草。在這種情境下使用諸如「呵呵」、「哦」、「嗯嗯」等擬聲詞可以讓枯燥的聊天變得有趣，讓心情變得放鬆、愉快。因此在網路聊

天時,「呵呵」經常會作為模擬笑聲的應答,代替面對面交流時雙方發出的笑聲和展露的笑容。

這本是從現實語境到網路語境的平行遷移,為何它會成為「聊天終結者」,成為最傷人的聊天詞彙呢?這個應該和「呵呵」在使用過程中的含義更迭以及這種變化帶來的「無回應絕境」相關。正常情況下,「呵呵」的含義表示開心、歡喜和滿意,如同平日常見的詞語「呵呵笑」、「樂呵呵」,最初應用在網路聊天裡的「呵呵」的含義也是如此,用來表達友好和親善。不過,放在特定的語境和心境下,同樣一個詞彙的含義便會發生變化。舉例來說:

甲:你一個月薪水有多少?買房了嗎?有心儀的對象沒有?

乙:呵呵。

很顯然,乙的意思不是「呵呵笑」那麼簡單。甲問了一系列關乎個人隱私的問題,乙出於情面不好直接拒絕 ── 詢問者可能是各式各樣的親戚,也可能是受人尊敬的長輩,便用「呵呵」來敷衍,一方面禮貌地化解了尷尬的氣氛,另一方面也有效地保護了自己的隱私。可以說,「呵呵」在這裡發揮了一個含蓄拒絕、躲避話題的功能。

只是如此,至於當選「最傷人詞彙」嗎?那要看人們還在什麼場合使用它了。實際上,「呵呵」成為最傷人的網路

聊天詞語，也是因為它是被使用頻率最高的詞語。很多人會在不知道該說什麼時用「呵呵」，在無奈時使用「呵呵」，在自嘲時使用「呵呵」，在尷尬時使用「呵呵」，在內心五味雜陳時也使用「呵呵」……總之，只要遇到任何不喜歡、不願意面對、無法面對的情況，「呵呵」便成了萬能靈藥，僅僅兩個字，便傳遞出最強大、最意味深長的含義，「呵呵」的傷人之處也從這裡生髮出來。正如下面這個例子所示：

甲：在嗎？

甲：忙什麼？

甲：聽說樓下新開了一家魚火鍋，這個週末我們去嘗一下怎麼樣？我在網上調查過了，網友都說那裡環境很好，菜色也不錯，最重要的是這個月有折扣，超划算！

乙：呵呵……

此處的「呵呵」，看似雲淡風輕，但在問者熱情、答者冷漠的強烈對比之下，發揮出了無異於能夠殺人於無形的六脈神劍的強力。網路聊天時，一方辛辛苦苦地打了一堆字，等待半天，另一方回應一個「呵呵」敷衍了事，或讓人捉摸不透，或讓人黯然神傷，或讓人暴怒跳腳。總之，「呵呵」一出，期待被無視，熱情被踐踏，赤誠之心受到了傷害，友誼的小船甚至會說翻就翻、沉入茫茫大海。至於「哦」、「額」，它們和「呵呵」的功能相近，其殺傷力因人而異，但

本質是一樣的。

　　歸根結柢，人們對這類詞彙如此「不爽」，是因為它們代表著一個話題的結束。作為應答用語，它未提供任何有效資訊，更嚴重的是，它無法滿足發問者的心理期待，將發問者置於一個「零回應」的絕望之地。溝通、交流、對話，皆為了促進訊息的交流，你說我聽，我聽你說，語言在流動，情感也在流動，這便是訊息與情感的「禮尚往來」。「呵呵」的出現則代表只有「往」，沒有「來」，試問熱情滿滿的一方怎麼會不反感、不氣憤、不暴跳如雷呢？

　　任何人都不喜歡在溝通中被無視、冷落，偏愛坦誠的人寧願聽到「我不想聊了」，也不想被對方拿「呵呵」、「哦」、「額」這些既冷漠又假惺惺的詞語敷衍了事。當然，也有一部分人喜歡「呵呵」這個詞語，認為「呵呵」是一個很有意思的用法，簡潔又方便，在他們忙於手邊工作，又不好意思直截了當表示拒絕時，就「呵呵」一下——這些人可能會被評為「最令人不爽的傢伙」。

　　日常裡的聊天，隨便「呵呵」兩下無足輕重，然而在商務對話、職場對話中，若隨便敷衍以「呵呵」或其他同類網路聊天用語，可能會由此生出災禍。電影《追殺比爾2》（*Kill Bill: Volume2*）中便有一段「呵呵引發的血案」：話說，白眉道長禮貌地向少林方丈問好，方丈沒有回禮、沒有

說話，只在心中道出「呵呵」二字，對眼前人物未做理睬。第二天，道長要求方丈為前日失禮自刎謝罪，否則便血洗少林。方丈當然不會遂他的意，於是少林寺六十名僧人無一倖免，皆死於白眉道長手下。電影情節固有誇張、離奇的成分，不過少林寺的悲劇不失為一個教訓。

　　說話是一門藝術，需要智商，更需要情商。不管你是天性木訥、不善言談的內向性格，還是自我感覺良好到想不理誰就不理誰的外向性格，都絕對不能隨心所欲地應對所有溝通，那些想用「呵呵」二字以不變應萬變的懶人，情商急需提高。溝通技巧和交流能力的培養，並不只限於網路聊天和戲劇藝術，它是影響深遠的人生課題，需要我們用心修練。

糾結「你」與「您」 —— 溝通禮先行

　　春秋時期齊國著名的政治家、軍事家管仲曾說過這樣一句話：「倉廩實而知禮節，衣食足而知榮辱。」意為：當過上了糧倉充實、衣食飽暖的生活之後，人們就可以顧及禮節的問題，就會看重關於榮譽和恥辱的事情。這句話本是管仲治國的主張，在他自強求富的領導下，齊國人民生活富裕，府庫財富豐富，禮儀得到發揚，政令暢通無阻，齊國的國力空前強盛，成了春秋第一霸，歷史上也有了齊桓公「九合諸侯，一匡天下」的記載。管仲的這句話被司馬遷記錄在《史記》中，為世人所津津樂道。

　　《論語》上說，「不學禮，無以立」、「道之以德，齊之以禮」。禮，也是儒家思想的核心之一。

　　曾子是孔子的弟子，有一次曾子在孔子旁邊坐著閒談，孔子問他：「以前的聖賢之主有著至高無上的德行和精要奧妙的理論知識，用它們來教導天下人，人們就能夠和睦相處，君臣之間也沒有什麼矛盾，你知道它們都是什麼嗎？」曾子聽完孔子的話後，立刻明白孔子要把最深刻的道理教給

他，他立即從席子上站起身，恭恭敬敬地給孔子行禮說：「弟子愚鈍，不能參悟這些道理，還請老師將這些道理教給我。」

這就是著名的「曾子避席」的故事，當曾子得知孔子要傳授給他道理時，他起身避席，這一行為在古代是非常有禮貌的，表示了他對老師孔子的尊重。後來，很多人都向曾子學習，不令而從，這便是禮的可貴之處。

在接受教育時，我們也不止一次聽到「凡人之所以貴於禽獸者，以有禮也」這樣的話。在傳統文化的薰陶之下，我們歷來十分注重禮貌，力求做到與朋友相交以誠、對待父母以孝、待人接物以禮，這是一種個人的基本修養。

可惜的是，有很多人並不明白這個道理，言談舉止失去了對禮的尊崇。

A君和B君都去參加一個朋友孩子的百天宴席。A君遞上紅包之後，吉祥話說了一大堆：「這孩子生得真漂亮，一看就是父母基因好。」一句話，把全家都誇到了，樂得舉家上下合不攏嘴。B君則不然，從一開始遞完紅包說了句「恭喜」之後，就沒怎麼說話，敷衍地走了走過場。等吃飽喝足要走了，他來了這麼一句：「你兒子這百天酒我吃了，將來這孩子死了可不能怪我。」孩子的父母聽完怒火萬丈，其他賓客的笑容也僵在了臉上。

　　有這麼說話的嗎？好好一場賓主盡歡的宴席被他這麼一句不禮貌的話弄得不歡而散，大家沒按著 B 君狠狠地揍上一頓都算便宜他了。假設讓我們在一個彬彬有禮、舉止大方的人和一個粗暴魯莽的人之間選一個進行溝通的話，想必很多人都更願意與前者進行溝通。因為前者更有禮貌，更加表現出對別人發自內心的尊重和對自身形象的看重。

　　守禮有時候也能夠帶給我們的生活更大的便利，當我們向陌生人、上司或者長輩詢問問題的時候，這種由下至上的禮貌就顯得尤為重要了。

　　在某部電影中有這樣一個情節：一對男女騎著車，在小巷通行時迷路了。男的在車上、嘴裡還嚼著食物，用含糊不清的話對著老爺爺說：「我問一下，街口怎麼走？」老爺爺根本不想理他。因為這個問路的晚輩一點不懂禮貌，你向別人問路，至少要下車、用個「請問」、「您」之類的敬語吧。這些他全都沒有說，人家會幫他指路才怪呢。但老爺爺最後還是幫他指了路，因為見到別人遇到困難卻袖手旁觀不符合老爺爺待人接物的規矩，這是老爺爺的禮。

　　漢高祖劉邦的軍師張良是一個非常懂禮節的人。張良的祖先是韓國人，秦國滅掉韓國之後，張良立志要為韓國報滅國之仇，為此他籌劃了對秦始皇的謀殺，結果謀殺失敗，秦始皇派兵追捕，張良逃到了下邳。

　　在下邳避居的時候，張良閒來無事經常去下邳橋散步。有一次，張良遇到一位老人，他穿著樸素，卻非常有精神。老人走到張良旁邊，故意把鞋子掉在了橋下，對張良說：「年輕人，我的鞋子掉下去了，你下橋去幫我撿上來。」張良一聽老人頤指氣使的語氣，心裡有些不舒服，但看對方是一個鬚髮皆白的老人，就沒有計較老人的無禮，忍著心中的不快下橋幫老人把鞋子撿了回來。老人得寸進尺地伸出腳，命令道：「我老了，彎不下腰，你幫我穿鞋。」張良心想，反正都已經幫他把鞋撿上來了，幫他穿上又有何妨。於是便將他當作自己的長輩，跪下來小心翼翼地幫老人穿上了鞋子。

　　老人穿上鞋之後，樂不可支地下了橋，張良目送著他離去的背影。沒走多遠，老人回過頭說：「我看你這孩子是個可塑之才，五天之後的早上，你在這個橋上與我碰面吧！」張良跪下來順從地回答道：「好的。」

　　到了約定的那天，天剛矇矇亮，張良就急忙趕去下邳橋，不料老人來得比他還早。老人見到遲到的張良，生氣地說：「我年紀這麼大都能及時趕來，你年輕力壯的，見長輩怎麼能來得這麼晚！我們五天之後的早晨再相見吧！」說完，老人拂袖而去。

　　第五天早上，雞叫過一遍，張良便起身往下邳橋趕去，但老人仍舊比他來得早。老人非常生氣：「上次和你說了要

早點來，你怎麼又來晚了？五天之後你再過來吧！」說完老人又走了。

張良這一次記取教訓，半夜就去了下邳橋，在橋上等著老人過來。很久之後，老人終於來了，見到早早就到來的張良，老人顯得非常開心，稱讚道：「年輕人就是要這樣才好。」

說罷，他從懷裡掏出一本書來，遞給張良並對他說：「你認真研讀這本書，等你把這本書讀透了，就能夠當帝王的老師了，待到將來天下局勢大變的時候，它能助你建功立業。十三年後，你在濟北郡谷城山下能看到我 —— 那裡有塊黃石就是我了。」張良看了看手裡的書，意外發現這本書居然是姜太公輔佐周武王伐紂的兵書，等他驚喜地抬頭尋找老人時，四下已無老者的蹤影。

張良回去之後，拿著這本名為《太公兵法》的書一遍一遍地翻閱，一字一句地細細研讀。十年之後，陳勝、吳廣起兵反秦，張良也召集了一批人馬響應。當時，沛公劉邦率兵占領了下邳附近的土地，張良就歸附了劉邦。在與秦兵作戰時，張良時常根據《太公兵法》中的內容向劉邦建言獻策，立下了很多功勳。劉邦稱帝之後，功勳卓著的張良在論功行賞時被封為留侯。

張良始終記得將這本兵書傳給自己的老人，當他跟隨劉

邦行軍經過濟北郡谷城山下時，果然看到了山腳有一塊黃石。張良命人將這塊黃石運了回去，尊稱這塊黃石為「黃石公」，並將這塊黃石當成珍寶供奉起來。

從孔融讓梨到程門立雪，從曾子避席到張良拾履，無不是在說「禮」的重要性。禮雖然沒有逐條逐項的規範，卻切切實實地存在於每個人的心裡。生活中，我們也常常會把「禮」字掛在嘴邊，會說「非禮勿視、非禮勿聽、非禮勿言」這樣的話，但「禮」究竟是什麼？又該如何界定呢？

禮，其實就是我們待人接物時的規矩。有句古訓叫：「君子不失色於人，不失口於人。」意思是說，有道德的人待人應該彬彬有禮，不能態度粗暴，也不能出言不遜。簡言之，我們在待人接物時要守禮節。禮節其實就是禮貌、禮儀，這是我們在生活和社會交往中約定俗成的，是我們維繫社會正常生活時每個人都需要遵守的最基本的道德規範，它涵蓋了生活的各個方面，比如溝通、穿著、情商等。

從溝通方面來說，禮儀是社會交往的黏合劑。在與他人交往的過程中，我們根據各式各樣的禮儀規範來塑造個人形象，準確地把握人際交往的尺度，處理人與人之間的關係，極大程度上做到了避免自己進退失據、失了分寸。在與新朋友溝通時，得體的穿著是禮儀，大方的舉止也是禮儀，而這些禮儀會輕而易舉地令他人對我們產生好感，更容易令我們

獲得他人的認可和接受，拉近與新朋友的距離。對於老朋友而言，禮儀能加深彼此的情感、獲得別人的尊重和信任。當我們待人接物遵循禮儀的時候，不僅能夠提升我們的個人形象，還會幫助我們與他人達成相互理解、相互尊重、和諧相處的狀態，在促進個人身心健康發展的同時形成一種良好的社會風氣。

如利劍出鞘 —— 聲音特質之重

　　生活中，我們需要和很多人進行溝通，這些人的身分具有多樣性，性格、習慣和立場也各不相同，在溝通時帶給我們的體驗也各具差異。所以在日常經驗潛移默化的影響之下，我們很容易下意識地分辨出某句話是出自何人之口。

　　比如，當我們聽到有人說「您好」、「歡迎光臨」、「我能為您做些什麼」時，我們能快速地判斷出說這些話的是從事服務行業的人，這是他們的職業特點 —— 彬彬有禮、隨時待命；而「具體怎麼實施我不管，我要看到的是成果」「我再耽誤大家兩分鐘的時間」「你把相關數據準備一下」這類話更多則出於領導者之口，因為我們大多數時候都能從管理者那裡聽到這樣命令或指令式的話。

　　朋友之間相處則大不相同，沒有服務行業用語中的禮貌和疏離，也沒有領導者的威嚴，有的只是親密無間，因此言辭中帶有的情緒也更為強烈。比如，「晚上一起去吃燒烤唱歌吧」「週末陪我去逛個街吧」「最近熱播的那個電視劇超好看，你一定要看啊！」這樣略帶一絲撒嬌、一絲霸道的話，

只有在關係密切的人面前才能講得如此理直氣壯。

　　細心比較之下可以發現，我們之所以能夠透過聲音來辨人，是因為不同的人在與我們進行溝通的時候，其說話的語氣、語速、音量和所表達的情緒等都是不盡相同的。國外一項調查研究顯示，在人際溝通中，各種因素所產生的作用是不同的，當我們與人對話的時候，肢體語言所占的比重為 55%，聲音所占的比重為 38%，語言僅占 7% 的比重。可見，聲音作為承載語言的載體，在溝通中所造成的作用是毋庸置疑的。

　　每個人的慣用音調都有其特色，有的人說話時聲如黃鶯出谷，音似風動銀鈴，一字一句都婉轉動聽；有的人說話則聲若洪鐘，令人警醒。每個人的慣用語氣也有其特點，有些人說起話來和風細雨；有些人說話則擲地有聲；有些人說話的方式是婉轉迂迴；有些人則在溝通時單刀直入，直切要害。

　　經常跟幼師接觸的人可能會注意到這樣一個現象：很多幼稚園裡的教師在和小朋友們講故事的時候，說話的語調都是非常輕柔且抑揚頓挫的，短短的一句話中往往帶有極其豐富的感情；而小朋友們也更容易被這樣的語調所吸引，安靜地坐下來聽老師講故事。這種語言特點可以巧妙地抓住兒童的好奇心，寓教於樂，潛移默化地教授孩子如何準確地發音

以及掌握大量的新鮮詞彙，在無形之中令孩子懂得如何讓自己的語言更富有表現力。

同樣形成寓教於樂效果的聲音還存在於很多優秀的動畫作品中。動畫作品需要聲優去配音，為了豐富角色個性，很多角色的聲音往往不同於現實生活中人們說話的聲音，它們都是非常有特色的。

不同行業、不同身分、不同性格的人在溝通時，他們的聲音有著不同的特點，這不僅和個人從事的行業相關，還與人的性格有著密不可分的關係。

英國第四十九任首相瑪格麗特・希爾達・柴契爾（Margaret Hilda Thatcher）素來以言辭果斷、堅毅著稱。有一次柴契爾夫人帶人參觀英國首相府，走到樓梯口的時候，客人看到牆上掛滿英國歷任首相的畫像，但同時也發現牆上已經沒有懸掛柴契爾夫人畫像的地方了。客人正想開口，柴契爾夫人先聲奪人，她字正腔圓地提聲說道：「不必擔心，我會把他們全部都擠掉的。」

這霸氣十足的一句話，足以讓客人知道她的自信和堅定。她能說出這樣的話除了因為她英國首相的身分之外，也是她的性格使然。在柴契爾夫人年幼的時候，父親對她的教育就非常嚴格。她的父親從來不允許她說「這太難了」、「我不能」、「我做不到」這樣示弱的話，經常向她灌輸這樣的觀

點：「無論做什麼事情都要力爭上游，做永遠走在別人前面的一個人。」這樣的教育對於一個女孩來說近乎苛刻，但正是由於柴契爾夫人謹記父親的教誨，以一往無前的精神和必勝的信念鼓勵著自己不斷奮進，所以她成了英國第一位女首相，成為英國乃至整個歐洲政壇上一顆耀眼的明星。

堅毅的性格和言行為柴契爾夫人贏得了「鐵娘子」的美稱，但她也有著柔和且善解人意的一面。

在切克斯的宴會上，有一名女侍者在上菜的時候不小心把菜汁灑到了一位高官身上，這位女侍者慌亂極了。這時，善解人意的柴契爾夫人走到手足無措的女侍者面前，溫柔地低聲安慰她道：「親愛的，不要太擔心，我們每個人都會犯這樣的錯。」一番體貼入微的話化解了女侍者的恐慌不安，贏得了對方的感激和尊敬。

溝通是門技術，也要講究面對什麼樣的人說什麼樣的話。如果柴契爾夫人用回答客人時的堅毅口吻去說出這番話，是否能造成安慰作用就很難說，或許還會適得其反。舉例來說，當我們下命令的時候，相比細聲細氣、期期艾艾的語氣，斬釘截鐵地說出來的話更能夠令人信服。因為兩者所傳達的訊息與言語的貼合度是不同的。當我們的聲音傳達出來的訊息與所說的言語不一致的時候，不但不能夠加強言語中所傳遞的訊息，反而會造成相反的作用，削弱或否定我們

的言辭。豪爽壯碩的將軍在對眾位士兵訓話的時候，粗獷和響亮的聲音更能夠加強當權者自身的威信，堅定士兵的信心，造成鼓舞士氣的作用。

　　由此可見，無論何種音調和語氣，終究都是為語言服務的，在不同的情境之下，我們應該採取適宜的音調和語氣與他人溝通。我們想要更有效地與他人溝通，不妨試著讓自己的音調和語氣與自己要表達的內容、要傳遞出的情感更為契合一些，這樣才能夠造成事半功倍的效果，為我們的生活帶來更多的便利。

誠之者，人之道 —— 說出你的真誠

曾經有一份調查問卷讓人們回答：人在溝通中必備的因素是什麼？很多人給出的答案都不一樣，有的人認為溝通的必備因素是信任，相互之間的信任是有效溝通的前提條件；有的人認為是相互理解，在理解的基礎上進行溝通才能夠得出自己想要的結果；有的人認為是傾聽，懂得傾聽的人溝通起來才能夠事半功倍；但更多的人認為在溝通中最必不可少的一個因素是真誠。

事實的確如此，誠為信之本，不誠則無以言信，正如儒家經典《孟子·離婁上》所說：「誠者，天之道也；誠之者，人之道也。」儒家認為「誠」是天的根本屬性，努力求誠以達到合乎誠的境界則是為人之道；「亞聖」孟子也認為「反身而誠，樂莫大焉」，即反省自己以達到誠的境界，就是最大的快樂；荀子也把「誠」看作是道德修養的方法和境界。真誠是儒家思想為人之道的核心，是君子立身處世的不二法門，也是古往今來世人所推崇的一種真實不欺的美德。

在我們小時候，父母和老師就苦口婆心地教育我們與人

交往要真誠。如果把人與人之間的溝通交流比作蓋房子的話，那麼真誠無疑是一所房子的基石，只有在真誠的基礎上才能衍生出信任、理解等。離棄了真誠的溝通，有時候甚至會帶來信任危機、滅頂之災。「狼來了」的故事想必大家都不陌生，但很多人都只認為這不過是一個童話故事罷了。實則沒有那麼簡單，歷史上著名的「烽火戲諸侯」就是經典的「狼來了」戲碼。

周幽王有一名妃子名叫褒姒，她是中國古代四大寵妃之一，也是大名鼎鼎的禍國妖姬。褒姒原本是褒國的一個美女，周幽王帶兵攻打褒國，褒國一看打不過，立刻獻出美女褒姒乞降，周幽王得到褒姒之後便真的收兵回國了。雖然周幽王非常寵愛這個傾國傾城的大美女，但不知道是什麼緣故，褒姒總是表現得不太開心，也不怎麼在周幽王面前展露美麗的笑顏。周幽王見褒姒整日悶悶不樂非常擔心，就想方設法逗褒姒展顏一笑。

周幽王身邊的一個弄臣幫他出了一個主意，周幽王聽完後覺得不錯，便按照他所說的方法行事：他令士兵點燃了附近二十多座烽火臺上的烽火，一時間狼煙滾滾直入九霄。在古代沒有手機、電腦這些通訊工具，當邊關受到外敵入侵的時候只能夠透過點燃烽火臺，藉助狼煙報信，通知各地諸侯率領手下兵馬前來勤王。

　　各地諸侯一看王城方向狼煙滾滾，就馬不停蹄地帶著兵馬趕了過去。結果，這些焦急萬分的諸侯到達王城時並沒有看到外敵入侵的情景，一個個面面相覷。而褒姒看到這些平日裡高貴威嚴的諸侯們在知道自己被周幽王戲耍之後憤憤不平的樣子後不由地笑了起來，周幽王見狀十分開心。但他不知道由於失信於諸侯，他的禍根就此埋下了。

　　五年之後，西夷犬戎大舉攻周，驚慌失措的周幽王連忙命人點燃了烽火臺上的烽火，但這一次他沒能等來救兵，因為上一次的欺騙讓諸侯們耿耿於懷，畢竟誰也不能夠確定這一次的烽火是不是周幽王又一次為了博美人一笑而使出的手段。就這樣，孤立無援的周幽王被迫自刎，皇子伯服被殺，褒姒也被西夷犬戎擄去。

　　君王不誠，則統治難以為繼。周幽王無疑是個昏君，他不計後果地做出烽火戲諸侯的鬧劇摧毀了自己在天下人心中真誠的一面，斷送了祖先傳下來的基業。前事不忘後事之師，這位淪為反面教材的昏君也為後世的君王留下了寶貴的經驗教訓，讓另一些人為了守住祖先打下來的大好河山而對建立自己真誠的形象加以萬分重視和不懈努力。

　　春秋戰國時期，商鞅在秦孝公的支持下，開始在秦國變法圖強，但當時由於各國紛爭不斷，民不聊生，百姓對待國君和朝廷的態度也非常微妙，直白說就是缺乏信任。

為了建立一個誠信威嚴的形象來幫助改革的推行，商鞅
下令在都城的南門外立下一根三丈長的木頭，當眾承諾：
「誰能夠把這根大木頭搬到北門，誰就能夠獲得十金的賞
賜。」眾人一聽，開什麼玩笑，不就是把木頭從南門搬到北
門嗎？這麼簡單的事情哪用得著那麼多報酬，這其中是不是
有詐？雖然民眾們不相信搬木頭真能獲得那麼多賞金，也被
這高額的賞賜深深誘惑了，但他們都在那裡觀望著，誰也不
敢貿然出手。

商鞅見狀，把賞賜提高到了五十金。重賞之下必有勇
夫，第一個人勇敢地站了出來，扛著木頭一口氣不帶喘地到
了北門，結果這個人真的得到了五十金的賞賜。大家見狀，
都後悔不已。

百姓一看商鞅是個言出必行、真誠可信的人，便非常推
崇他，因此他在秦國變法的政策也在民眾的支持之下逐步推
廣開來。變法帶給秦國的直接利益非常顯著，民眾的生活水
準得到了提升，國家的綜合實力也大幅度上升，最後秦王掃
六合，全國得以統一。

這便是歷史上著名的「徙木為信」的故事。周幽王烽火
戲諸侯自取滅亡，落得身死國滅的下場；而商鞅立木取信，
終致秦國國力強盛，睥睨六國。兩個人在真誠守信上的不同
選擇導致了不同結局，「誠」字對於一個國家興衰存亡的作

用是如此之大，不得不令人重視。

　　真誠地與人溝通是放之世界皆準的道德需求。在美國，華盛頓（George Washington）、尼克森（Richard Milhous Nixon）、柯林頓（Bill Clinton）三個人雖然都做過美國總統，但無疑民眾們更愛戴和尊敬華盛頓，因為我們在小學課本上就曾學習過華盛頓在父親面前承認自己砍掉櫻桃樹、勇敢地面對自己的錯誤的故事，至少在做人方面，華盛頓更為真誠一些。而尼克森則因為在「水門事件」（Watergate scandal）中撒謊而失信於民眾，柯林頓也因為不光彩的緋聞案撒謊而遭彈劾，這些「不真誠」的言行在他們的政治生涯中留下了難以洗去的汙點。

　　生活中，我們期許被人真誠以待，也更願意與真誠的人交往。如果我們跟一個人進行溝通時，對方總是對某些資訊遮遮掩掩，或是彷彿在鬼鬼祟祟地搞一些陰謀詭計，那我們就很難放心地跟他交流，因為我們感到了敵意和疏離，感到了自我保護的必要性。

　　而我們在與真誠的人溝通時，身心會不由自主地摒棄壓力感，達到放鬆的狀態，往往能將大事化小、小事化無，帶來順利、和諧、成功的溝通效果。

　　清朝時期，在蘇州吳縣有個叫蔡林的商人，向來以真誠待人、重諾守信著稱，所以他的朋友遍布五湖四海。有一個

朋友曾把重金寄放在他那裡，出於信任，這個朋友沒有讓他留任何字據。不幸的是，這個朋友沒多久便因為一場大病去世了，由於去世得太過突然，這個人沒有留下半句遺言。

蔡林知道後，派人把這個人的兒子請了過來，交還了這筆重金。這個人的兒子也是一個耿直真誠之輩，認為沒有字據不好接受別人平白無故給的千金巨資，便推辭說：「我的父親生前從來沒有跟我提過這件事，而且這麼多的錢，你們卻沒有立下任何字據，這太不合理了，我怎麼能接受這筆錢呢？」蔡林說：「字據雖然沒有立在紙上，卻牢牢地刻在了我的心裡。你的父親正是因為了解我的為人，才覺得沒有必要告訴你這件事。」

一個人若以真誠為名，與他溝通的人大多都會不由自主地放下心理防備，因為他們知道，這樣的人不會欺騙自己，更多的信任和理解也因此產生。即便我們在與真誠的人溝通的時候未必能獲得想要的結果，至少我們也能夠獲得真誠的對待，這是一種最基本的尊重。尊重是相互的，真誠也是相互的，如果我們希望在與他人溝通時被對方真誠對待，那麼，不妨從自身做起，用真誠的言語來對待他人吧。

以情感人 —— 打動人心的溝通

「曉之以理，動之以情」指的是在人際溝通中，告知道理可以使對方信服，表述真情可以使對方被打動。這是一種非常有效的溝通手段。

一扇大門被一把堅實的鎖鎖上了，一根鐵棒走上前，使出了吃奶的力氣都沒能將這把鎖撬動一絲一毫，而這時一把小巧玲瓏的鑰匙走了過來，它瘦小的身子插到了鎖孔中，輕輕一轉，大鎖應聲而開。鐵棒疑惑不已：「為什麼我費盡九牛二虎之力也沒能把鎖撬開，而你輕而易舉就做到了呢？」鑰匙說：「也許只是因為我最了解鎖的心吧。」

每個人的心，都像一扇上了鎖的大門，我們跟別人溝通，其實就是開啟這把鎖、推開這扇門的過程。有的人拿著鐵棒簡單粗暴地去撬門；有的人則帶著關懷，將這份關懷凝聚成與鎖相配的鑰匙去開門。哪一個能夠更快更好地達到目的，結果再明顯不過。

一個公司曾經讓兩名管理者 A 君和 B 君為公司的全體員工做一項調查，目的是看看這兩名管理者誰更適合出任總經理。

A君一看，公司上上下下一百多員工，一個一個面談的話，時間必然不會太充足，還是速戰速決好。於是，他將員工集中起來叫到自己的辦公室挨個詢問。

A君：「簡單介紹一下自己的情況吧。」

員工甲：「我是設計部的×××，今年二十五歲，在公司工作六年了，負責策畫方面的工作，目前正在……」

A君揮手打斷員工的介紹：「你做策畫這麼長時間了，有沒有總結出什麼經驗？你認為什麼樣的策畫方案能滿足客戶的要求？」

員工甲：「我……我認為，首先自己的專……專業知識一定要扎實，其次是了解客戶的需求，根據客戶的需求來完成相應的……」

A君：「那你一般是怎麼了解客戶的需求，是由設計部直接跟客戶聯絡還是由市場部聯絡？」

員工甲：「一般情況下都是由市場部聯絡客戶，然……然後傳達給設計部。只有要求較高的客戶會由我們設計部人員直接聯絡，詢問……相關要求和其……其他……」

A君：「你對你目前所負責的工作有什麼不滿的地方嗎？或者說未來幾年你有怎樣的職業規劃？」

員工甲：「我……個人認為如果公司能夠提供一些更為專業的培訓，會……會對我們的策畫提供更大的幫助。至於

職業規劃，我目前……目前還沒有考慮，不過……」

A 君：「好了，你可以出去了，叫下一位進來。」

從面談開始到結束，員工甲始終沒能完整地回答出任何一個問題，這並非由於他的表達能力有問題，而是他沒有表達自己想法的機會。可以理解 A 君對時間的看重，但他這種咄咄逼人、照本宣科的溝通方式不僅會讓員工感到緊張，而且無法獲取更多有益的資訊。

B 君則不同，他知道要做普查實在太過耗費精力，索性就抽人詢問。他將面談時間選在了午餐時間，端著餐盤和基層員工坐在了一起。首先，他將最近熱播的一部電影作為切入點，提起了職員的興趣，進而 B 君跟員工乙聊了起來：「我聽你的口音好像不是本地人，你老家是 A 市的吧？」員工乙驚喜地點了點頭。

B 君接著說：「我之前去過那裡，帶著全家去看海，我兒子特別喜歡你們那裡賣的水母。」員工乙說：「那個不好養，買了也活不了多久的。對了，你去 A 市玩，有沒有去景點看看？那邊很熱鬧，風景也不錯。」B 君：「沒來得及啊，之前對那裡不是很了解，也沒跑幾個景點。你家是那邊的，不如幫我介紹一下吧，下次就不用煩惱沒地方玩了。」員工乙：「好啊，下次要去直接打電話給我，免費幫您當導遊。」B 君：「我記得那邊發展也不錯，你怎麼想起來到這裡工作

了？」員工乙：「原來上大學的時候學了這個專業，覺得這個行業的發展前景好……」

幾頓午飯下來，B 君就將這些基層員工的情況了解了七七八八。由於跟 B 君溝通時沒有工作時的壓力，很多員工都覺得這樣的閒聊非常放鬆，思路不會被打斷，在跟 B 君交流的時候也更願意傾訴更多的東西，B 君由此獲得了很多資訊。公司認為，溝通在管理中是非常重要的一個步驟，因此公司總經理的人選最後落在了更懂得溝通的 B 君身上。

兩個人的溝通方式不同，得出的結果也不相同。A 君從一開始詢問就帶著盛氣凌人的態度，只挑自己感興趣的問題詢問，不管是否會打斷別人的回答。有的員工即便想表達也沒有機會，而有的員工則可能被 A 君不尊重人的態度激怒，消極敷衍 A 君的詢問。A 君諮詢的員工雖然很多，但得出的資訊卻非常有限，且太過片面，可以說 A 君的溝通大部分是無效的。B 君走的卻是平易近人的道路，在溝通中放低姿態、循循善誘，先是緩解員工的緊張情緒，然後引導話題往自己希望的方向發展。B 君雖然是抽樣詢問，但花費的時間少，獲得的資訊相對來說也較全面，從溝通效果來看，B 君遠勝於 A 君。

如果溝通時對話態度過於強硬刻板，就會使溝通陷入僵局，無法繼續下去。能夠觸動人心的溝通，往往更容易達到

想要的目的，特別是與固執己見的人進行溝通時，硬碰硬是下策，順毛捋才是良策。〈觸龍說趙太后〉的故事就是一個說服型溝通的經典例項。

戰國時期，趙惠文王去世，他的繼承人孝成王年幼，國家大權落在了孝成王的母親趙太后手中。秦國藉著趙國政權交替、舉國上下人心浮動之際進攻趙國，連占趙國三座城池，情勢十分危急，趙國只好向鄰國齊國求援。齊國的使臣說：「我們怎麼能夠知道你們是不是聯合了秦國來陷害齊國呢？想要援兵也可以，把長安君送到我們齊國做人質吧，這樣我們才能相信你們的誠意。」

長安君是趙太后最寵愛的小兒子，她怎麼捨得讓自己年幼的兒子在異國他鄉做人質呢？所以不管大臣們如何直言勸諫，她都絲毫不為所動。勸得煩了，她索性下令：「誰再來勸長安君去齊國做人質，我就往他臉上吐口水。」趙太后疼愛長安君到了蠻橫不講理的地步，絲毫沒有商量的餘地，導致事情陷入了僵局。

這時觸龍前去覲見趙太后，趙太后知道觸龍一定是來勸諫的，便一臉怒色地等著他。觸龍見了趙太后沒有說勸諫的事，而是說掛念太后的身體，所以前來探望太后，又說起了自己的身體，稱自己素有足疾，不能快走，得靠車馬代步。

太后見他沒有進諫，一顆懸著的心稍稍放了下來，也沒

有了最初的沖天怒火。觸龍見狀不動聲色，繼續提到自己
的兒子，說希望太后能夠看在他的面子上讓他兒子在王宮
當差。太后便問起了他兒子的狀況，觸龍說：「我的兒子才
十五歲，又沒什麼才幹，我如今已經年邁，實在不放心，就
厚著臉皮把我的兒子託付給您照看了。」

太后感嘆道：「你疼愛兒子的心情和我是一樣的啊。我
不願意將長安君送去齊國當人質，正是擔心他離我太遠，我
無法照料他。」

觸龍隨即說道：「既然您也疼愛自己的兒子，那就應該
為長安君做長遠打算啊，如果他不能夠憑自己的力量建立
功勛，倘若有一天您不幸離世，長安君該如何在趙國立足
呢？」

聽完觸龍一席話，趙太后久久沉默，隨後她嘆了口氣
說：「長安君的去留，就聽憑你的安排吧。」於是，觸龍為
長安君安排了數百輛車馬隨行，前往齊國做人質。齊國見狀
也按照約定發兵營救趙國，一場危機迎刃而解。

觸龍的溝通方式非常好，他理解趙太后那顆愛子之心，
所以他站在趙太后的角度去思考問題，避重就輕，先打消了
趙太后的疑慮，成功避免了兩人的衝突，再引導趙太后的思
維方式，幫助她去發現究竟如何做才能令長安君有更好的生
活，從而達到自己勸諫的目的。

　　由此可見，溝通是需要技巧的，以情感人正是拉近人與人之間的關係、化解牴觸情緒的不二法門。會說話的人無論走到哪裡都受歡迎，生活中，很多人都曾有過參與演講或觀看別人演講的經歷。我們不難發現，有些人的演講聲情並茂、特別感人，但有些人的演講則空乏其詞、讓人昏昏欲睡，歸根結柢還是看演講者是否用心了。只有了解他人，站在他人的角度考慮問題，以真心換真心，我們才能夠真正實現有效的溝通。

點到為止 ── 話到嘴邊留半句

有句古話叫做：「話到嘴邊留半句，得理之處讓三分。」說的就是人與人溝通的時候應當把握相應的尺度。為什麼把握溝通中的尺度、做到什麼時候說什麼樣的話是如此重要的事情？下面這兩個故事會令你對此有更為直觀的理解。

一個體型微胖的女生和幾個朋友去商場買衣服，這個女生剛好看上一件連衣裙，正想讓店員找適合自己穿的尺碼試試。誰知道，她剛拿起那件衣服，店員就說道：「美女，你別看那件衣服了，我們這裡沒妳穿的尺碼，而且我們這邊不是賣孕婦裝的，賣孕婦裝的在三樓轉角處。」

店員這麼一句話下來女生的臉就黑了，本來因為胖的緣故，她就滿自卑的，店員這麼一說，等於往她傷口上撒了把胡椒，她的朋友聽不下去了，不滿地責怪道：「你怎麼說話的，這麼沒禮貌，叫你老闆出來！」

老闆聽到動靜走了過來，店員還一臉委屈地向老闆抱怨。老闆聽完店員的話後，上前安慰這名女生說：「我們這裡的店員沒什麼心機，有什麼說什麼，您別往心裡去。再說

您這都懷了幾個月了吧，氣壞了身體多不好。」

老闆不安慰還好，一安慰給這個女生造成了二度傷害。這名女生直接氣得哭了出來，她的幾個朋友更是跟老闆吵得不可開交。從此，這個女生和她的朋友們再也沒來這家店買過衣服。

溝通是一門技術，有時候我們聽人開口說話就能初步判斷對方的性格、處事能力等。有的人說話和風細雨，讓人聽著就舒服；有的人說話則是直來直去，火藥味十足，講出來的話又往往不經過大腦的認真思考，不管對方能不能接受，就讓想說的話脫口而出，以至於常常得罪人而不自知。對於這樣不會說話、沒有半點溝通技巧的人，我們可以說他們心直口快，不會拐彎抹角，但如果他們的率直總是傷害別人，誰還願意和他們交流呢？所以溝通時我們也要掌握一定的技巧，這樣才不至於開口就得罪人。

三國時期，賈詡是曹操的幕僚。在當初沒有立世子的時候，曹操就曾經糾結到底立哪一個比較好：長子曹昂死後，曹丕為大，按理應該是由他來繼承大統，曹植雖然年幼，卻已經頗有才名，曹操更為喜愛這個幼子。在曹丕與曹植之間，曹操猶疑不決。

曹丕希望自己能夠被立為世子，就派人向賈詡求計。這個時候已經屬意曹丕的賈詡告訴曹丕，在曹操面前要謹守孝

道，踏踏實實做人做事，培養自身的氣度就可以了。於是，曹丕在賈詡的建議之下，老老實實地踐行自己的責任和義務，幫曹操辦事的時候勤懇有加，待人接物禮數周全。曹操便把曹丕立為世子，將曹植封為臨淄侯。

但是後來隨著曹植才名遠揚天下，曹操立世子的心再次動搖了，他有意廢掉沉穩持重的曹丕，改立才華橫溢的兒子曹植。而曹操的謀士們的意見也是嚴重兩極分化，有中意曹植的，也有支持曹丕的。一幫人爭論不休，曹操自己也難以決斷，他雖然非常喜歡才高八斗的曹植，但手心手背都是肉，畢竟一直以來曹丕處理事務都井然有序，並沒有什麼錯處，他不能偏心得太過明顯。

就在屬臣們爭論不休的時候，曹操看到賈詡立在一旁沉默不語，與整個環境似乎格格不入。曹操覺得奇怪：大家都在討論改立世子的事情，怎麼賈詡一言不發，難道他有什麼高見？曹操屏退左右，對賈詡說道：「改立世子的事，大家都在討論，你什麼都不說是有什麼意見嗎？」賈詡回稟道：「沒什麼，我只是突然想到了別的事情，一時間分了神，沒能參與討論。」曹操連忙追問：「你想到了什麼事？」賈詡說：「我突然想到了袁紹和劉表兩家父子的事情。」曹操一聽，哈哈大笑，頓時明白了賈詡的意思。從此以後，曹操徹底摒棄了廢立之心，曹丕世子的地位也終於穩固下來。

在這場廢立世子之爭中，賈詡無疑是支持曹丕的，但他卻沒有明確地表達出來，他所說的一番話看似答非所問，卻清楚地向曹操傳達了一個「廢長立幼容易招致災禍」的警示。原來袁紹和劉表兩個人都非常寵愛自己的小兒子，為了表示榮寵，立嗣時都做出了廢長立幼的舉動，但這兩個人去世之後，他們的兒子為了爭權奪利，各自招攬黨羽，鬥得不亦樂乎，最後卻被曹操給全部消滅了。

賈詡這番話說得可謂巧妙，他只將話說一半，剩下的那部分讓曹操自己去領會。因為以曹操多疑的性格來看，如果賈詡在廢立世子多說一言半語，都難免會遭到曹操的猜疑。所以深知曹操性格和心理的賈詡沒有貿然告訴曹操自己究竟屬意哪一個人做世子，老練圓滑的他點出了袁紹和劉表兩家父子的前車之鑑，巧妙地讓曹操看到了廢長立幼的危害，而且做到了點到為止、絕不多言。這樣一來，不僅讓曹操心甘情願地接受了自己的意見，還成功地避免了曹操的猜忌，溝通技巧比其他屬臣高出一籌。

其實不只是在與曹操這樣性情多疑的人溝通時需要做到點到為止，任何時候「話到嘴邊留半句，不可全拋一片心」都是非常重要的溝通技巧、處事原則和生存之道。因為言多必有失，有些人往往在不經意間說出一句極有可能得罪別人的話，就會為自己埋下禍根。

　　俄國沙皇尼古拉一世（Nikolay I Pavlovich）登基之後，國內爆發了一場由自由分子領導的叛亂，這些自由分子要求俄國實現現代化，盡快在工業和國內建設方面追上歐洲的一些國家。尼古拉一世採取暴力鎮壓的措施平定了這場叛亂，並捉到了自由分子的領袖之一雷列耶夫（Кондрáтий Фёдорович Рылéев），將其判處絞刑。

　　在行刑的當天，由於雷列耶夫奮力掙扎，用以絞首的繩索居然斷開了，這罕見的現象無疑是上天的恩賜，通常遇到這種情況時，犯人都會被赦免。雷列耶夫沒有沉浸於劫後餘生的喜悅，他站起來對著人群大聲喊道：「你們看，俄國的工業就是這麼落後，就連製造出來的繩索都會輕而易舉地斷裂。」

　　這時，信使連忙跑到宮殿中向尼古拉一世彙報絞刑失敗的事。尼古拉一世雖然對這一消息非常不滿，但還是拿起了筆打算簽署赦免令。尼古拉一世問信使：「絞刑失敗後，雷列耶夫說了什麼嗎？」信使誠實地把雷列耶夫的一番話複述了一遍。聽完信使的話後，尼古拉一世遞出赦免令的手迅速收了回去，他把手中的赦免令撕得粉碎，憤怒地說道：「既然雷列耶夫這樣認為，那我們不妨來證明一下事實與他所說的相反吧！」第二天，雷列耶夫又一次被送上了絞刑臺，這一次奇蹟沒有再發生。

可見有些話是不能隨便說的，尤其是會洩漏自己真實心理、會傷害到別人的利益和情緒的話。這些話一旦出口、入了那些並不會和你站在同一條陣線上的人的耳朵裡，就注定會在此後的某個時間令自己的利益受損。

在字典中，有很多形容朋友之間關係的詞語，比如：點頭之交、泛泛之交、莫逆之交、患難之交、刎頸之交、生死之交等。為什麼會分得這麼詳細呢？因為交淺言深是人際交往中的大忌。但現實社會中仍有很多「大嘴巴」完全不忌諱這個，他們喜歡逢人就說自己的私密之事，見人就表露自己對某個問題的不同見解，對著周圍所有人暢所欲言。孔子云：「不得其人而言，謂之失言。」意思就是在並不了解對方的情況之下，深入地交談是失策。如果我們將自己的祕密告訴泛泛之交，難保第二天這些祕密不會被傳得人盡皆知。改變「自己挖坑自己跳」的溝通方式的最佳辦法就是劃定某個無形的界線，在界線內外把握適當的尺度進行溝通，這樣才能夠更好地維持人際關係、保護自身利益。

注意拿捏好表述的分寸和深度，這不僅僅是在和不相熟的人溝通時要注意的，即便和親密無間的朋友相處時也要時刻謹記這一點。生活中，很多人都曾遇到朋友前來傾訴感情煩惱的問題，如下「言多必失、禍從口出」狀況的發生更是司空見慣：

女主：我要跟我男朋友分手。

朋友：為什麼呀？

女主：他瞞著我跟他前任聯絡，兩個人還一起甜甜蜜蜜地吃了頓飯。

朋友：居然敢腳踏兩條船，分！趕快分！這樣的男人不分手留著過年嗎？

女主：可是他說他只愛我一個。他跟他前任只是好久不見才一起吃了頓飯。

朋友：這擺明了是騙妳的呀！我要是被抓現行，我也會找這樣的藉口。現在藕斷絲連，將來也未必能斷得乾淨。

女主：可我還是好喜歡他，分手的話我忘不了他怎麼辦？

朋友：妳現在多喜歡他都沒用，將來還不是別人的老公？妳在他身上耽誤的時間越多，就越忘不了，還是儘早抽身為好。

女主：好，我聽妳的，跟他分手。

第二天，朋友眼睜睜地看著女主挽著她的男朋友跑到自己面前秀恩愛。

女主：我想了想，還是放不下他，就跟他和好了。

女主的男朋友則上前質問：「聽說是妳慫恿我們家小 A 跟我分手的？你們這些單身的人是不是心理變態啊，怎麼總

想著拆散別人？我勸妳呀，趕緊找個人談戀愛去吧，別在這裡攪和別人家的事了。」

朋友想必也委屈得不行，明明是幫助好朋友解決煩惱的，怎麼到頭來落得出力不討好的下場。女主固然有錯，但朋友也有做得不對的地方，她雖然是在為女主著想，卻沒能真正了解女主的想法 —— 女主看似態度強硬地要和男友分手，實則句句都在等待朋友勸她打消這個念頭。但朋友恰恰沒能弄清楚女主的真正意圖，只顧著把自己的想法塞給對方。太過主觀、太過直接，都是朋友所犯的溝通錯誤。

而且這位控制欲較強的朋友在溝通中也沒能把握好朋友間交往的尺度，過多地干涉了別人的感情生活。「親人之間還得有個界線呢，更何況是朋友呢？」的確如此，人和人之間的關係不管有多麼密切，言談舉止上也不能過界，一旦過界，反而會損害彼此的關係、傷害彼此的感情。

很多時候，如果我們想表達自己的想法，不需要總是直抒胸臆、暢所欲言，有時候只需要點到為止地將自己的意圖簡單明瞭地點出來就好，不需要說得太詳細，因為說得太多，難免會有失言之處。

也許有人會認為這樣不夠光明磊落，是世故、圓滑、為人不夠真誠的表現，但事實上並非如此，因為不是每個人都想要了解我們的煩惱和祕密，有時候我們把煩惱傾訴給關係

一般的人，對方反而會覺得我們過於唐突和冒昧，會讓他人有被冒犯的感覺。多數情況下，如果我們不能夠理解或把握對方的思想與行為趨勢，那麼「點到為止」、「話到嘴邊留半句，不可全拋一片心」無疑是最好的箴言。

不怯場 —— 辯論和演講亦是溝通

在生活中，我們經常需要和他人進行交流。一般情況下我們所採取的溝通方式都是一對一的，因為這樣能夠方便對方理解我們的觀點和思想，但有時候我們需要和他人進行一對多的溝通，這時候最適宜的溝通方式莫過於辯論和演講。這種溝通以有聲語言作為主要溝通手段，以身體語言作為輔助，言辭清晰、立場鮮明地闡述自己的觀點和主張，獲得他人的肯定和支持，這正是辯論和演講的魅力所在。

南朝梁文學理論批評家劉勰在他的著作《文心雕龍·論說》中說：「一人之辯，重於九鼎之寶；三寸之舌，強於百萬之師。」從古至今，無數的政治家和商業家無不擁有著卓越的辯論和演講能力。戰國時期鬼谷子的弟子蘇秦通曉縱橫捭闔之術，有心做一番轟轟烈烈的大事業，卻出師不利，沒有受到霸主秦國的重用，失望之極的蘇秦轉而改變策略，遊說六國合縱抗秦，並身任六國宰相，致使秦國十五年不敢出兵函谷關。《三國演義》中更有大名鼎鼎的諸葛亮以三寸不爛之舌力駁群儒的故事。

東漢末年，曹操挾天子以令諸侯，消滅了很多實力強硬的大軍閥，能與曹操對抗的就只剩下孫權和劉備兩方勢力。曹操有心吞併東吳和蜀漢，形勢對於孫權、劉備兩方非常不利。

曹操心知一下滅不掉兩股勢力，便派出使臣帶著書信前往東吳說服孫權，希望孫權能夠投降。孫權手下的謀士們眼見形勢不妙，紛紛勸說孫權降曹自保。劉備知道情勢危急，立即派出了麾下有「臥龍」之稱的諸葛亮前去說服孫權。

迎接諸葛亮的是主張聯蜀抗曹的魯肅。魯肅帶著諸葛亮見到了孫權手下的一幫謀士，這些謀士無不飽讀詩書，才華過人，講起話來引經據典，能把人駁得體無完膚。眾位謀士一見到諸葛亮就開啟了「嘴炮」模式。為首的正是東吳第一大謀士張昭，他說：「我張昭在江東不過是一個不起眼的讀書人罷了，聽說先生在隆中隱居時曾自比管仲、樂毅，不知道是否確有其事啊？」諸葛亮承認道：「我的確曾自比管仲、樂毅，這只不過是與朋友間的戲言罷了。」

張昭接著說：「聽說劉備為了請先生出山，往先生住的地方跑了三趟才把先生請出來，本指望在先生的幫助下實現宏圖大願，沒想到居然連自己駐紮的荊州也丟了，不知道你們蜀中還有什麼策略？」

諸葛亮也知道張昭不好對付，如果連他這關都過不了，

肯定沒辦法說服孫權，所以他從容地解釋道：「我主劉備要想取得荊襄這塊地盤並不難，只是他生性仁義，不忍心奪取同宗劉表的基業，所以才讓曹操白撿了便宜。如今我們在江夏屯兵，自然有更好的計畫，等閒之輩又怎麼能夠清楚呢？」

張昭可不是好糊弄的，他直白地說道：「那這樣先生豈不是言行相悖嗎？先生自比管仲、樂毅，這二人都是輔佐諸侯匡扶天下的人物，稱得上是濟世之才。先生出山之後輔佐劉備，本當為蒼生興利除害。可劉備沒有得到先生的輔佐前尚且能夠縱橫天下，得了先生之後，雖然人人都說劉備是如虎添翼、剿滅曹賊、復興漢室有望，然而一旦與曹兵交戰則丟兵棄甲、節節敗退，幾乎沒有容身之地，全然沒有當初割據疆土的威風。先生果然能和管仲、樂毅比肩，被稱為濟世之才嗎？」末了張昭還補了一句：「我直腸子，話不經修飾，你別跟我計較。」話裡譏諷的意思再明顯不過了。

諸葛亮聽完也不生氣，笑著說道：「正所謂燕雀安知鴻鵠之志哉！這就好比人身患重病，大夫肯定先要讓他喝粥恢復體力，而後再讓他服藥；等到五臟六腑調和之後，再用大魚大肉補身體；等身體補得差不多了，才下重藥治病；除掉病根之後，人才能夠健康起來。要是不等五臟調和便下重藥，肯定病還沒治好，人就撐不住了。我主劉備兵敗之時手

下兵不滿千人，強將也只有關羽、張飛、趙雲幾人而已，此時好比一個人病情嚴重、身體羸弱，怎能下重藥呢？何況寡不敵眾的情況下戰敗也是兵家常事，就算是管仲、樂毅在世也未必能夠扭轉乾坤，何況劉琮投降曹操一事，我主劉備的確不知道，只是心懷仁義，不忍奪取同宗的基業罷了。」

緊接著，諸葛亮話鋒一轉說道：「不過，社稷安穩和家國大事都是需要有真才實學的人來決斷的，那些沽名釣譽的機巧詐辯之徒坐而論道、侃侃而談，雖然說得天花亂墜，可真到了危難關頭卻一點用處都派不上，只會讓天下人恥笑罷了。」一番話說得張昭啞口無言。

這時突然有一個人問道：「如今曹操擁兵百萬，麾下猛將數不勝數，虎視眈眈意圖吞併江夏，先生認為該怎麼辦呢？」諸葛亮說道：「曹操不過是有袁紹和劉表的烏合之眾罷了，縱然有百萬人之多，卻沒什麼好害怕的。」

那人繼續問道：「你們敗給曹兵之後，困守夏口處處求人，還大言不慚地說什麼不害怕，把我們當孩子耍嗎？」諸葛亮說道：「我主劉備麾下只有數千名仁義之師，雖難敵曹兵，卻仍舊退守夏口，等待時機東山再起，所以不害怕曹操百萬雄兵。而如今江東兵強馬壯，又仗著長江天險，你們卻都勸孫權屈膝投降曹操，也不怕天下人恥笑。」

接著東吳的其他謀士也一個個地向諸葛亮發難。但諸葛

亮根據對方的身分、經歷、性格有針對性地據理力爭，說得東吳諸位謀士面有慚色、啞口無言，不得不心服口服。在這樣的狀況下，孫權終於同意聯合蜀漢共同抗擊曹操。

　　諸葛亮的一番講演雖然是即興而為，卻能夠在孤身一人、客場作戰的不利情況下臨危不亂地抓住對方的弱點逐個擊破，這種溝通能力是常人所不能及的。

　　在古代打仗時，將軍都會在陣前演講來鼓舞士氣，以求大敗敵軍；在美國，競選總統的過程中需要候選人在各個地方舉行演講為自己拉票，讓閱聽人理解、支持和擁護自己的觀點，在關鍵時刻投自己一票。

　　到了科技快速發展的現代社會，這種一對多的溝通能力依然是人們非常需要掌握的。一個人的講話水準不僅反映出了他的思想和他所接受的教育水準，也決定著他的生活層次；一個企業領導人的講話水準決定了企業的發展速度和高度，能說會道也是一種巨大生產力。可見，掌握了辯論和演講的技能，就能夠讓我們在人際交往中遊刃有餘，為自己將來的發展謀取更多的福利。

　　不管是辯論還是演講，都是對個人應變能力和溝通能力的極大考驗，一邊要有所準備地了解聽眾的喜惡、摸透對方的心理，一邊要巧妙而明確地把你的想法深深地植入聽眾的心中，一邊還要打起精神來應付那些隨時可能會提出尖刻問

題和質疑的人。一旦我們在面對聽眾們質疑的目光和冷漠的表情時產生了緊張和怯場的心理，那麼別說做出精彩辯論和演講了，恐怕連完整地表述出自己的觀點都成了有難度的事情。

想要控制好自己的情緒，就要先調節好自己的心態。為什麼面對一個人說話時，你往往不會感到緊張，面對兩個人、十個人、幾百人的時候，你的緊張程度就依次遞增了呢？主要還是因為你對聽眾的不熟悉、不確定，你在擔心對方會對你提出質疑、打斷你的話，甚至尖酸刻薄地針對你。想要將緊張情緒控制在不失控的範圍內、避免怯場失言的尷尬，最好的辦法就是有備無患地做好了解聽眾的工作，明白自己將要與哪些人溝通、主題是什麼、他們關心的是什麼、支持的是什麼、反對的是什麼、忌諱的是什麼，你的準備工作越完善，出現意外的可能性就會越小。等到你身處面對幾百人的大場合開始高談闊論的時候，面前的這幾百人看起來其實和一個人沒有什麼區別，你也就沒什麼可緊張和害怕的，也就能從容自如地掌控全場，將語言的藝術展現得淋漓盡致了。

Part2

聽是學問 —— 沉靜聽之理

　　我們覺得溝通變難的原因不在於採用了何種溝通形式，而在於是否領會了溝通的本質、堅守了溝通的準則、使用了溝通的技巧。只要我們多考慮一下對方的感受，以真誠待人、尊重他人的心態來平等地與之進行交流，拿出閱讀書信時的耐心和熱情，多把自己的一些時間和精力分配到傾聽這件事上，不再自說自話、以自我為中心，那麼想要營造更為融洽的人際關係就不再是一件難事。

溝通方式的轉變
—— 從「不得不聽」到「我選擇不聽」

　　在從前這樣的慢生活裡，我們的溝通也是「慢」的，少了現代社會的浮躁和應付，多了一些細膩和耐心。二十多年前，電子產品還沒有普及，我們與身處異地的朋友交流靠的是傳統的通訊方式 —— 寫信。提筆寫信、驚喜收信、逐字閱讀、逐句回覆，這種傳遞訊息、相互溝通的方式是非常原始、有趣且充滿了浪漫主義色彩的。它能夠幫客居他鄉的遊子傳遞對故土家人的思念之情，能夠相互傳遞訊息描述近況，也能夠讓相隔甚遠的兩個朋友交流思想、聯絡感情。

　　由於信件需要郵差傳遞，中間需要耗費往返的時間，所以那時候人們收到回信時所感受的喜悅和滿足是難以言喻的，它會讓我們聚精會神地對信中的內容字字斟酌、句句體會。這種溝通是緩慢的，這種閱讀是安靜的，這種「傾聽」是專心的。你想要獲取資訊、了解情況，就必須主動地讓自己靜下心來，摒棄雜念，這樣才能將自己切實地置身於對方在紙上留下的那個溝通環境之中，才能穿越時間和空間實現高效交流。

　　但隨著科技的發展和網路的興起，便捷的通訊方式迅速拉近了人與人之間的距離，當我們想念某個人的時候，只要開個視訊、通個電話、發幾條訊息就能夠實現交流。可以說，人與人之間溝通的時間成本大大減少，人際溝通開放化的程度進一步加深，為人際交往帶來了巨大的便利。但任何事情都有利弊兩端，我們在享受網路時代帶來的便捷時，必然要接受它所帶來的溝通方式轉變的困擾。

　　快節奏的生活步調之下，人們再也沒有了那種緩慢悠閒的生活氛圍，溝通也追求速戰速決，在追求速度的同時，往往是以犧牲品質為代價的。比如，當我們打電話時，總是喜歡一口氣把自己想說的話全部說完，然後才會豎起耳朵聽聽對方在說什麼，於是經常出現這樣一種情況 —— 你說你的，我說我的，電話裡一片嘈雜，就好像同時開著兩臺電視機、各自播放著不同的電視劇一樣，通話完畢時，你只記得自己說過什麼，卻很難記起對方說過什麼。特別是當你主觀上不想傾聽的時候，你可以一直咄咄逼人地用自己的大嗓門去壓制對方，也可以摀起耳朵消極抵抗，甚至可以掛掉電話或轉身走開。傾聽變成了一件很快速、甚至是經常性地被忽略掉的事情，不願意傾聽也變成了許多矛盾產生的導火線，變成了溝通失敗的罪魁禍首。

　　因此，很多人抱怨說先進的通訊方式看似讓人與人之間

的關係大幅度拉近，實則疏遠了彼此的距離。因為在這樣缺乏傾聽的溝通交流中難免會產生各式各樣的誤解，增加了溝通負擔，令彼此的感情更為淡漠，人與人之間的凝聚力大大減少。

　　但其實不管是紙質時代的書信往來，還是現在傳統通訊業的電話簡訊、網路時代的網路交流，發生改變的從來都只是溝通的形式，而不是溝通本身。令我們覺得溝通變難的原因不在於採用了何種溝通形式，而在於是否領會了溝通的本質、堅守了溝通的準則、使用了溝通的技巧。只要我們多考慮一下對方的感受，以真誠待人、尊重他人的心態來平等地與之進行交流，拿出閱讀書信時的耐心和熱情，多把自己的一些時間和精力分配到傾聽這件事上，不再自說自話、以自我為中心，那麼想要營造更為融洽的人際關係就不再是一件難事。

聽與說之間 —— 溝通中的你來我往

　　生活中，我們大多數時候都需要與他人溝通，有的人人緣好，朋友遍布五湖四海，不管走到哪裡都能和其他人打成一片；有的人則人緣較差，不管走到哪裡都會處處得罪人，以至於身邊幾乎沒有至交好友。出現這種差異的原因有很多，溝通方式必定是其中最重要的一個。

　　說起溝通，很多人都認為溝通中語言是最重要的，因為這是人與人之間進行交流最直接的方式。說話既能夠表達自我，又能夠宣洩內心，一舉兩得，但我們往往忽略了溝通中另外一個同等重要的因素 —— 傾聽。在傾聽的過程中，我們能夠與傾訴者達成思想的一致和感情上的交流，它是人與人溝通時最基本的技巧，和說話有著同等重要的作用。

　　情商高的人會聊天，懂得如何說、怎樣聽，情商低的人不會聊天，不是自顧自地說個沒完，就是一問三不知或一言不發，甚至會在不經意中簡單粗暴地把話題終結掉。

　　小 C 人長得挺帥的，稱得上是劍眉星目、玉樹臨風，但小 C 卻非常苦惱，因為他人緣差，「桃花運」更差，不但同性

朋友不多，異性朋友更是少得可憐。其實按照廣大女性的擇偶標準來看，小 C 的條件稱得上是優秀了，可他都二十多歲了居然沒有交過女朋友。並非沒有女生來找他搭訕，關鍵小 C 這個人太不會聊天了，說他是「話題終結者」一點都不過分。

舉個例子：

女生甲：哎，聽說 ×× 拍的一部科幻電影最近上映了，我朋友說挺好看的，我們也去看看吧！

小 C：哈哈哈哈，有沒有搞錯，×× 明明演技爛透了，妳朋友居然會說好看，這是什麼審美？

女生甲面色青白，一言不發地轉身離開了。

小 C 再打電話約她出來時，電話卻已經打不通了。小 C 也莫名其妙，怎麼說不聯絡就不聯絡了，上次不還好好的嗎？不過沒關係，這個不聯絡了不是還有別的嘛！

女生乙：你喜歡吃 ×× 嗎？我跟朋友之前在 ×× 路那家店吃了一次，味道還不錯，要不要一起去吃？

小 C：妳怎麼會喜歡吃那種東西？妳沒看電視上的報導嗎？×× 的產地和製作流程都被曝光出來了，蒼蠅到處飛、老鼠滿地跑，一點都不衛生，妳也不怕吃了直接被推進太平間。

女生乙泫然欲泣，狠狠地在小 C 腳上踩了一下，然後轉身離開了。小 C 一頭霧水加委屈：女生的脾氣還真是說變就變，我什麼時候得罪她了嗎？

　　溝通時不懂得仔細傾聽對方的態度和意圖，必然會導致會錯了意、說錯了話，的確容易在無形之中得罪他人。而且小 C 也不懂得如何把握好聽與說來延續溝通，往往無心之下出口的一句話就終結了話題。溝通是兩個人你來我往的博弈，你說了上一句，我能接下一句，你能接著我的話順下去，這是良性溝通。在溝通的時候既了解了別人的想法，又給別人鋪了路，促使對話得以繼續下去，這無疑是高情商的溝通。高情商的溝通並不少見，我們同樣可以以小 C 的遭遇來做示範，看看小 D 是如何聽與說的：

　　女生甲：哎，聽說 ×× 拍的一部科幻電影最近上映了，我朋友說挺好看的，我們去看看吧！

　　小 D：是嗎？我也聽說了 ×× 的那部電影，不過我看網友分析這部電影的特效部分做得沒有另外一部科幻電影好，不知道妳有沒有興趣跟我一起看另外一部電影啊？

　　女生甲：真的嗎？既然也是科幻片，那也未嘗不可，週末我們乾脆去看另外一部電影吧！

　　一次有效溝通達成。

　　女生乙：你喜歡吃 ×× 嗎？我跟朋友之前在 ×× 路那家店吃了一次，味道還不錯，要不要一起去吃？

　　小 D：妳說得我都想趕快嘗嘗了，不過近期可能不行，我最近胃不太舒服，不太能吃辛辣刺激的食物。

女生乙：胃怎麼會不舒服？是老毛病嗎？去看醫生了嗎？有沒有買藥吃？

小D：醫生開了藥，他說問題不大，但要注意飲食，平時作息要規律，說吃點養胃的飯菜對身體比較好。對了，不如我們去吃養生菜吧。新開的那家養生菜館生意特別好，想必味道不錯，要不要嘗試一下？

女生乙：我好像也聽朋友推薦過一次，之前一直想嘗嘗來著，不如我們現在就去吧！

同樣的情景，同樣的問話，溝通的結果卻是截然不同的。那麼，小C之所以會溝通失敗，他犯了哪些錯呢？首先是他沒有弄懂兩個女生真正想表達的意思。「我們週末去看電影吧」和「我們今天去吃 ×× 菜吧」並不是說女生一定要看 ×× 電影、吃 ×× 菜，而是變相地透露了某些訊息 —— 我最近有空，這段空閒時間我想和你待在一起。而小C的應答是什麼呢？看上去是關心女生的交友狀態、審美水準、飲食健康等，但他的回答卻更傾向於拒絕和挖苦。在對方看來，電影是不是爛片和菜是否衛生都只是他為拒絕而找的藉口。

小D則不然，他的溝通方式是先將對方的話聽懂、吃透，再予以一定程度的肯定，然後條理明晰地為對方解釋不想看 ×× 電影或吃 ×× 菜的原因，隨後表明態度 —— 雖然我不想看 ×× 電影吃 ×× 菜，但我願意和你一起看別的電

影或吃別的菜。女生能夠從對話中了解到小 D 的觀影愛好和口味偏好，從而深化了對雙方的理解。而小 D 對事不對人的態度也為兩人的下一步溝通打下了基礎、做好了鋪墊，甚至是有意地引導對方的溝通方向，情商之高令人由衷地讚賞。

很多時候我們與他人進行溝通時都需要這種高情商，因為每個人的價值觀不同、性格不同，合作起來需要磨合，耐心傾聽、用心領會對方的話，在這裡就顯得尤為重要。溝通不是拔河，雙方各行其是必然會造成氣氛緊張。相比之下溝通更像是兩個人在打羽毛球，你把球打過來，我再給你打回去，有來有往才能夠繼續。如果你只把注意力用在自己如何揮拍發球上，不懂得觀察對方發球的力度、角度，不去判斷、領會對方的意圖，那麼你就很難接住球。一出手就容易造成失誤，讓對方打過來的球有去無回，來回幾次之後，勝敗就已經注定了。缺乏傾聽的溝通，其過程中的所有話題都會重複著那顆有去無回的羽毛球的命運 —— 被終結，別說與人交朋友做深入溝通和了解了，恐怕別人連和我們做淺顯溝通都會覺得是在浪費時間和精力。

由此可見，傾聽的重要性是不言而喻的。在和別人溝通的時候，我們首先應該掌握的是傾聽這一技能，要善於利用我們的耳朵，充當好聽眾的角色，這樣才能夠加強我們與他人之間的互動，促進良好人際關係的形成。

吉人寡言 —— 內心智慧者不語

　　在觀看電視劇的時候，我們經常會看見這樣一個情節：
酒樓茶肆中，一群販夫走卒占據一角，圍在一起七嘴八舌地
討論江湖見聞。而另外一邊總是有人一言不發，靜靜地坐在
一旁飲茶吃點心。兩邊的氣場截然不同，但哪一個才是主
角，我們一眼就能夠看出來，這其實是導演利用了「吉人寡
言」的道理來塑造主角或正面人物的高大形象。

　　吉人寡言，語出《周易‧繫辭》：「將叛者，其辭慚，
中心疑者其辭枝，吉人之辭寡，躁人之辭多，誣善之人其辭
遊，失其守者其辭屈。」這段話的意思是：打算叛亂的人，
他們的言辭是缺乏底氣的，講起話來非常心虛；多疑的人講
話沒有主幹，常常囉哩囉嗦地說了很多，卻讓人找不到重
點，不明白他究竟想要表達什麼；有大智慧的人說的話則較
少，因為他們的內心足夠平和、安定，所以不必說太多話；
那些浮躁的人會講很多話，因為內心的貪嗔痴恨等情緒無處
開解，急待發洩；那些汙衊善良之輩的人說話則是毫無根據
地誇大其詞，話題游移不定；失去底線和操守的人說話時不
再那麼理直氣壯，而是吞吞吐吐、含糊其詞。

在《世說新語‧品藻》中記載著一則「吉人辭寡」的故事：

魏晉時期，有「謝家芝蘭玉樹、王家琳瑯滿目」的說法，說的是王、謝兩大世家人才輩出。有一次，王羲之的三個兒子王徽之、王操之、王獻之前去拜訪名士謝安。王徽之和王操之兩人與謝安殷殷交談，滔滔不絕地說了很多日常俗事。但王獻之明顯對這種盛行於文人間的清談興趣寥寥，所以他僅在開始時與謝安寒暄了兩句，之後便靜靜地坐在一旁一言不發。

三兄弟離開之後，在座的客人問謝安：「剛才那三位都是王家的賢良之輩，在他們三個人之中，哪一位最好呢？」謝安說：「小的那個最好。」客人不解地問道：「你說小的最好，那你是怎麼判斷出來的？」謝安說：「賢明之人寡言少語，浮躁之人言辭多。我正是由此推斷出來的。」

後來，王徽之和王獻之同處一室的時候，房子突然著了火，王徽之大驚失色地急忙跑出屋子去避火，連鞋子都沒顧得上穿，而王獻之鎮定如常，衣衫俱整地走出了屋子，好像火災根本沒有對他造成影響。時人無不被王獻之的氣度所折服。在歷史上，王獻之也如謝安所言，在書法上成就最高。

當一個人心態發生變動的時候，他的語氣、態度、言辭等都會隨之改變，所以一個人處世為人的態度，可以從他的

語言習慣中顯露出來。都說「水深則流緩，語遲則人貴」，普通人和有大智慧的人在語言習慣上的區別其實就像是一條嘩嘩作響的小溪和一條無聲奔流的大河。

凡夫俗子喜歡聚在一起閒談雜敘，天南海北地閒聊，這是因為他們的內心不夠平靜，有各式各樣的煩惱和戾氣要找個途徑宣洩出來，但由於思考時間不夠充分，所以言辭中充滿了破綻和漏洞。

而頭腦聰穎、沉穩、有大智慧的人看事情則更為通透，思維沒有過多的阻塞，自然不會庸人自擾，他們更喜歡將閒談的精力用在思考上，想得多、說得少。而且他們必定有極強的自我約束力，即便是滿腹經綸，也不至於莽撞冒失地一吐為快，在談論一件事的時候總是先徵詢別人的意見，把自己的看法放到最後講，這樣既尊重了他人的傾訴欲，給足了別人面子，又能夠在他人發表意見的時候思考自己的觀點有哪些不完善之處，在別人講話之餘組織自己的語言，提出更好的意見，故而時常表現得少言寡語，但出言之時必定會鞭辟入裡、直指要害。

《論語·里仁》有言：「君子欲訥於言而敏於行。」原意為：君子說話應該謹慎，防止禍從口出，以免傷害自己或是他人，避免為自己招來麻煩甚至是災禍，而做事情的時候則應該幹練勤奮。意在告誡人們要少說話多做事，這也是當今社會上大多數人應遵循的處世準則。

　　事實上，真正有如此大智慧的人非常少，很多人都難以達到吉人寡言的境界。如果我們仔細觀察的話不難發現，一天之中我們 70％的話都是廢話，沒有任何意義，很多時候我們只是想找個話題來消遣消遣，打發空閒時間。要知道實幹勝於雄辯，假如我們將閒聊、說空話的精力用於學習、思考、做正事的話，那我們便能「桃李不言，下自成蹊」，可以免去很多浮躁和煩惱，可以收穫意想不到的好處和回報。

　　我們不妨做這樣一個實驗：找兩個瓶子來裝水，一瓶裝得滿滿的，一瓶只裝一半。當晃動瓶子的時候我們就會發現，裝水越少的瓶子，搖晃起來聲響越大。如果想讓自己的內心裝滿水，我們要做的不是一味地宣洩自己的情緒，不是言之鑿鑿地說一堆豪言壯語，而應控制一下自己的傾訴欲，安穩地坐下來，充實自己，做到少動嘴、多動手、多動腦，做出一番成績後，說話的時候才能更有底氣、才能言之有物、才能讓說出口的話發揮作用。這也正是溝通時注重傾聽的價值之一。

　　但這並不是說我們應該一言不發，而是很多話最好不要隨便說出來，認準時機和對象，該說的時候再說。如果我們在該說的時候保持了沉默，則會釀成失敗的溝通，甚至失去別人的信任；在不該說的時候說出來，就會失言得罪人。所以認準說話和不說話的時機與對象才是「吉人寡言」的關鍵所在。

禮節和修養 —— 聽出來的個人魅力

　　人有兩隻耳朵一張嘴，本就是告誡我們要少說、多聽。但非常可惜的是，在現實生活中，我們大多數人都只喜歡說，一味地宣洩自己的主張，認為在溝通中滔滔不絕地說個不停，就能夠向他人展示自己豐富的知識和聰明才智，故而極少有人願意靜下心來傾聽他人心中真正的需求和看法。其實這是不成熟的表現，反而會令自己的個人魅力大打折扣、人際關係一落千丈。

　　在英國作家珍・奧斯丁（Jane Austen）的作品《傲慢與偏見》（*Pride and Prejudice*）中有這樣一個情節：

　　伊麗莎白參加一個茶會，茶會上有一位剛剛從非洲旅行回來的男士正在講述自己在非洲的見聞。伊麗莎白從頭到尾都沒有說什麼話，但在最後，那位男士卻非常肯定伊麗莎白的溝通能力，他對別人感嘆道：「伊麗莎白是一個多麼善解人意的女孩啊！」

　　伊麗莎白的故事說明了一個道理：越是善於傾聽的人，人際關係越融洽。在家庭關係中，當我們善於傾聽家人的煩

惱時，我們的生活會更加和睦；和朋友溝通，當我們用心傾聽朋友的言談時，會更容易贏得朋友的信任和尊重。這是為什麼呢？

卡內基（Dale Carnegie）說過：「對和你談話的那個人來說，他的需求和他自己的事情永遠比你的事重要得多。在他的生活中，他要是牙痛，會比發生天災人禍、有數百萬人傷亡的事情還要重大；他對自己頭上小瘡的在意，要比對一起大地震的關注還要多。」誠然，人總是以自我為中心的，有著一定的傾訴欲和表達欲，會透過談話的方式來宣洩自己的煩惱，不管是你還是對方都不例外。這時候想要順應對方的心理去展示你的個人溝通魅力，傾聽就顯得極其重要了。

很多時候，善於傾聽不僅能夠使我們快速地交到朋友，還能幫助我們提升個人形象，贏得他人的讚賞。原因就在於傾聽本身就是對說話者的一種讚美，一種褒獎，它不僅僅是一種交談的藝術，還是一種禮節、一種修養。善於傾聽的人會給他人留下彬彬有禮、沉穩大氣的好印象，非常容易收穫一份良好的友誼。

多數情況下，當身邊的朋友向我們傾訴一些煩惱的時候，正是基於信任才會將一些話說出口，耐心傾聽的行為能夠表現出我們對朋友的尊重。如果我們在傾聽了他人的意見之後再發言的話，能夠令對方的自尊心和傾訴欲得到滿足，

心理上的愉悅會在無形之中轉變為對傾聽者的好感,拉近雙方的距離,更容易建立起良好的人際關係。女生可能會對此有深切的認同,讓一個女孩跟另外一個女孩關係變得好起來並不是那麼複雜的事情,只要兩個人共同知道一個祕密,那麼兩個人的關係自然就會比他人更為親近。一個傾訴,一個傾聽,一次看似無足輕重的溝通就能夠建構一份難得的友誼。

傾聽還有一個好處,那就是完整地聽完對方的話再發表意見,會讓他人覺得我們所說的話是經過一番深思熟慮才出口的,因而更容易讓人感受到我們思維方式上的魅力,更容易獲得他人的信任和支持。

人稱「經營之神」的松下幸之助在談及自己的經營哲學時總結了一句非常簡單的話:「首先要細心傾聽他人的意見。」

1965 年,日本的經濟陷入低迷狀態,市場環境非常糟糕。當時松下電器的代理商和銷售業務都有嚴重的損失,松下企業一度陷入困境。為了改變現狀,松下幸之助決定聽取其他人的觀點和建議,調整銷售策略。但他改革整個銷售體系的決定遭到了許多代理商的強烈反對。

但松下幸之助頂著重重壓力,和一千多家銷售行業的負責人進行了商談。會議的最初,松下幸之助說:「召開這次

會議的目的就是想了解一下大家對改革銷售體系有什麼看法，現在無論你們反對或是贊同，都可以發表自己的意見，我會認真聆聽。」接下來，松下幸之助先請那些強烈反對改革銷售體系的人發表了自己的意見。負責人講話的時候，松下幸之助安靜地坐在一旁充當了一個合格的傾聽者。

直到所有人都發表了自己的意見，松下幸之助才站起來詳細地為大家講解了改革銷售體系的目的，並說明新的銷售方案。松下幸之助說完後，情況發生了極大的反轉，原來那些強烈反對他的人非但沒有一個人反對他的改革措施，反而紛紛表示理解和支持。於是新的銷售方案得以成功推行，松下企業的危機得以解除。

這次會議的圓滿結束與其說是松下幸之助言談的成功，不如說是傾聽的成功。銷售業負責人的不滿情緒透過有力的傾訴得到了消解，因為松下幸之助的傾聽不僅僅是對其他銷售負責人意見的採納，更是對他人的尊重、信任和理解。這樣富有個人魅力的企業管理人又怎麼會得不到他人的支持呢？正是因為善於傾聽，松下幸之助在經營管理的道路上才得以走得更遠。

可見，掌握了聽與說這兩個重要的技巧，在與他人交流時我們就能更輕鬆地樹立優質的個人形象、完成有效溝通，讓溝通在人際交往中發揮出更大的作用。

有效資訊的獲取 —— 聽與說的實際應用

　　海明威（Ernest Miller Hemingway）說過這樣一句話：「我們用兩年的時間去學會說話，卻要用六十年來學會閉嘴。」說話和傾聽是人與人交往中的兩個至關重要的溝通方法，都需要我們加以苦心鑽研和學習實踐。如果你能鑽研好這門藝術，便可以在生活中得到更大的成功。

　　古時候，有一個周邊小國派出使臣到來朝見皇帝，為了表示順從，他們朝貢了很多的金銀珠寶和當地的特產。其中，最為特別的是三個一模一樣的金人。這三個金人工藝精湛、栩栩如生，皇帝看到以後非常喜歡，正準備命人收入庫房時，使臣站出來說道：「且慢，皇帝陛下。我們知道您很喜歡朝貢的禮品，但是有一個問題我們想要貴國幫助解答。」皇帝被勾起了好奇心，疑惑地問道：「什麼問題？你說說看？」使臣來到三個金人面前說：「這些金人是我們採用同樣的工藝造出來的，貴國能不能幫我們鑑別一下，這三個金人之中哪一個金人更有價值呢？」

　　這時一個臣子說道：「這有何難，陛下您傳召珠寶匠

一一秤過，就知道答案了。」皇帝於是召來全國最好的珠寶匠，讓他們幫忙鑑識。這些珠寶匠分別稱過了三個金人的重量，又仔細觀察了三個金人的鑄造工藝，但他們都沒能比較出哪一個金人更好些，因為無論是從重量上看，還是從工藝上看，三個金人都是一模一樣的。

皇帝一聽，也煩惱了，如果讓使臣知道人才輩出的泱泱大國，居然沒有人能回答這種小問題，這不是太可笑了嗎？這個問題解答不出來，不但皇帝不好意思再去收其他小國的貢品，就連整個國家都要顏面掃地了。

就在皇帝一籌莫展的時候，一個老臣走上前來說：「臣有辦法分辨三個金人哪個更有價值。」皇帝一聽高興極了，連忙將使臣和眾位臣子請到大殿，聽這位老臣的解釋。只見老臣胸有成竹地拿起三根稻草，先是插到了第一個金人的耳朵裡，結果稻草從另外一隻耳朵裡掉了出來；插入第二個金人耳朵裡的稻草則從嘴巴裡掉了出來；插入第三個金人耳朵裡的稻草則直接掉進了金人的肚子裡。

老臣指著第三個金人說：「這個最有價值。」皇帝和群臣都不明所以。老臣侃侃而談：「第一個金人聽的時候左耳朵進右耳朵出，這種人最沒有價值；第二個金人聽到的東西都會說出去，做事沒有自己的原則和底線；第三個金人聽進去的意見都牢牢地記在了心裡，所以它最有價值。」使臣聽

完默然無語,跪下來表示嘆服。

　　這則故事意在告訴我們:最有價值的不一定是最能說會道的人,那些真正懂得傾聽、善於傾聽的人,往往更為聰明和成熟。美國商業偶像第一人李‧艾科卡(Lee Iacocca)說過這樣的話:「假如你要人們為你工作,你就一定要好好聽別人講話。」他之所以會有這番感悟,因為他明白看似被動的傾聽行為實際上是一種積極的獲取行為,能讓我們在閉嘴的同時開放自己的大腦進行有價值的思考。

　　由於個人的成長環境不同,接受教育不同,生活經歷不同,所形成的三觀自然也就各不相同,思考問題的角度也各不相同。讓全然不同的兩個陌生人達成溝通和理解,這本就不是一件非常容易的事,所以古人才會發出「萬兩黃金容易得,知心一個也難求」、「悲莫悲兮生別離,樂莫樂兮新相知」、「人生得一知己足矣」這樣的感慨。如果說語言是表達自我的過程,那麼傾聽就是接受他人的過程。接受他人是溝通中必需的環節,缺乏接受行為的單向溝通,其結果常常是做無用功,更無益於結交新朋友和加深與老朋友的感情。

　　在傾聽的過程中,我們會協調調動聽覺和視覺,此時的大腦在不知不覺中高速運轉,思想、情感、訊息是兼收並蓄的。透過傾聽,我們不僅能夠更加快速地獲取有效資訊,了解他人的興趣愛好、性格特徵、內心想法,還能夠結合他人

的言論產生新的觀點和想法，以便在與他人溝通時做到有的放矢、遊刃有餘，從而促使自身目標的達成，這對於我們的思維能力來說同樣是非常有利的。

不過，生活中大多數時候我們與他人溝通不需要對彼此有特別深刻的了解，我們只需要和某些人達到點頭之交或泛泛之交的程度，就可以達到自己想要的目的。比如，我們去附近的超市買東西，對於超市的服務人員我們不必做深度的了解，因為生活中我們與他們產生的交集並不多，所以我們可以省去溝通這一過程，直接辦事。當然，那些樂於交朋友的人可以透過與他人閒聊從而達到初步的了解。

對於要相處四年的大學同學、抬頭不見低頭見的室友、工作中的同事、經常一起玩耍的朋友等，我們要做的溝通就非常必要了。因為我們和這部分人在生活中要產生的交集太多了，從他們身上獲取對我們有用的訊息、和對方建立良好的人際關係能夠幫助我們更好地生活。

小 D 跑到公司的財務部去辦理相關手續，由於財務部人手不足，在職的又多是背景很硬的職員，所以財務部的人對待這些「添麻煩」的業務員態度非常差。

為了早點辦完手續，小 D 和其他同事從早上七點一直等到九點半，財務部的人才姍姍來遲。令小 D 感到鬱悶的是，負責幫他辦理手續的同事甲是公司出了名的女魔頭、暴躁

狂，一點都不能催，而且聽不得其他人的半點怨言。

排在小 D 前面的還有三位同事，前兩位同事辦完手續都已經花了將近兩個小時。由於漫長的等待和財務部的遲緩，第三位同事的不滿情緒終於爆發了，他和同事甲大吵了起來，同事甲也非常氣憤，直接把第三位同事的相關資料推到了一邊，拒絕為其辦理業務。第三位同事眼見財務部沒人幫他辦，抱著資料罵罵咧咧地走了。

終於輪到了小 D，但這時候的小 D 無疑是撞到了同事甲的槍口上，怎麼能夠快速平息同事甲的怒火，順利地辦完自己的事情呢？小 D 快速地思考了一下，開口說道：「哎，您別生氣，剛才的情形我都看見了，您大人有大量，別跟他計較那麼多。」同事甲方才的一腔怒火找到了和平宣洩的出口，語氣也變得軟了起來：「本來就是，我又不在他那裡領工錢，憑什麼要看他的臉色做事。」

小 D 接著說：「我剛才也認真觀察了，財務部四個辦事窗口，只有您辦事態度最認真，一直不厭其煩地指導我們怎麼填資料。」

同事甲被小 D 誇得有些不好意思，還有些自得，辦事速度也快了起來。眼看到了午休時間，同事甲為了不耽誤小 D 辦事，還主動幫小 D 跑到財務部長辦公室蓋了章。一連串複雜的手續半個小時就搞定了，大大節省了小 D 的時間。藉著

這個契機，小 D 還和同事甲交上了朋友，並認識了財務部的其他人。此後，每當小 D 去財務部辦手續時，財務部人員的態度都非常友好，一路幫他「開綠燈」，小 D 的辦事效率也越來越高了。

有句話說得好：「聽君一席話，勝讀十年書。」這就是溝通的妙用，傾聽本身就是一種具有高收益的投資決策。這種投資的成本非常低，只要我們花費一定的時間和精力去用心傾聽傾訴者的言論，就能夠收穫傾訴者言談舉止中透露的訊息，輕鬆地獲得巨大的收益。小 D 無疑屬於會傾聽、會說話、會「投資」的人，他能夠巧妙地運用傾聽和交談兩種方式來摸清對方的性格和情緒，由此促進自己與他人之間關係的和諧，這樣的人在生活中必然處處逢源。

傾聽五層次 —— 做主動的傾聽者

　　傾聽屬於有效溝通中的必要部分，看似被動，本質上卻是一個主動的過程，需要調動傾聽者的積極性。從狹義上來說，傾聽指的是我們藉助聽覺器官去接收別人的語言所傳達出來的訊息，但傾聽不只是用聽覺器官去聽這麼簡單，我們透過聽覺器官接收他人傳達的訊息之後，還需要全身心去感受對方在談話時所表達的語言訊息和非語言訊息，進而透過大腦的思考完成對他人的認知和理解，這才是傾聽的完整過程和必備態度。

　　小 A 的妻子回到家裡，把門摔得特別響，換鞋、放鑰匙和包也弄出很大的動靜。小 A 正沉浸在遊戲中，對妻子弄出來的聲響置若罔聞。

　　妻子走過來對小 A 說：「累死了，今天不想做飯，我們叫外送吧。」小 A 忙著打遊戲，眼睛未離開螢幕，所以沒有注意到妻子的反常，他隨口應付道：「行啊，反正我不挑食，妳看妳喜歡吃什麼，隨便點。」妻子轉身去拿手機叫外送，叫完之後又捧著手機來到了小 A 旁邊。

在玩手機的過程中，妻子頻頻嘆氣，小 A 卻只顧著玩遊戲。妻子看得眼花撩亂，抱怨道：「你怎麼只顧著玩遊戲啊，我都快煩死了，你就不能關心關心我？」遊戲到了關鍵的時刻，小 A 捨不得下線，順口問道：「怎麼了？」

妻子聽到小 A 的回應，開始傾訴自己的煩惱：「從早上去上班就非常不順心：在捷運裡不知道那個缺德鬼偷了我的錢包，到公司的時候還遲到了，最倒楣的是平時其他人就算遲到半個小時老闆都沒有說什麼，可我就遲到了這麼一次還偏偏撞到了槍口上，老闆居然在早會上點名批評我，真是過分。還有我旁邊的張姐，明明是要她負責的工作，非要推給我……」

妻子連憤怒帶委屈地說了一大堆，小 A 一開始只是應付性地說了幾個「嗯」、「哦」、「然後呢」，後來遊戲打到關鍵時刻他也顧不上妻子了，全心地撲到了遊戲上。妻子顯然也傾訴得非常動情，沒有注意到小 A 的心不在焉，說著說著，委屈得都要哭出來了。

這時，小 A 贏了遊戲，興奮地大吼了一聲，一回頭正對上滿臉驚愕和憤怒的妻子。本來就心情不好的妻子見到自己被小 A 如此冷落，自然更加憤怒。於是她一把關掉電腦電源，與小 A 爭吵了起來。小 A 雖然有些愧疚，但由於妻子切斷了電源，他沒能和遊戲中的隊友交代一聲便匆匆下線，覺

得非常失禮，所以對妻子切斷電源的行為異常不滿，不滿壓過了愧疚，兩個人吵得不可開交。

小 A 認為自己沒有錯，妻子心有不滿想要傾訴，他也做了忠實的聽眾，只不過沒有給出妻子想要的回應，便被妻子遷怒，這根本就是妻子在無理取鬧。事實上，真的是因為妻子太過分了嗎？還是小 A 單方面不懂得如何傾聽呢？

很多人都和小 A 有著同樣的看法：傾聽不就是他人在講話的時候，我們豎著兩隻耳朵聽嗎？這其實是不懂得傾聽的表現，傾聽與聽是不能夠畫等號的。試問，當我們心情激動地想與身邊的朋友分享我們的心事時，朋友漠不關心地盯著手機螢幕，淡然地回了我們一句「哦」的時候，我們的心理感受會是怎樣呢？肯定會覺得不太舒適。對一個人掏心掏肺，對方卻不為所動，這會讓傾訴者覺得沒有得到傾聽者的尊重，以至於喪失傾訴的欲望，甚至會對兩人的關係造成損害。

根據用心動情的程度，傾聽通常可以分為五個層次：

第一個層次是出於生理的聽 —— 聽而不聞。雖然能聽到傾訴者的話，但思維並沒有與傾訴者所說的內容產生任何連繫，這種情況類似於我們身處在候車室、購物廣場等地方所做的「傾聽」，此時入耳的聲音紛亂複雜，有汽車轟鳴，有超市門口的減價消息，有街邊路人的閒聊……我們的耳朵能

夠清楚地接收到這些聲音，但不會對此做什麼思考，因為這和我們關係不大。

第二個層次是被動地聽。比如小 A，他並沒有認真聽，雖然他也分出一點注意力給妻子了，但左耳朵進、右耳朵出，這部分注意力與他傾注在遊戲中的注意力相比是微不足道的，他能給出的回應只是一些無意義的音節。如果讓他複述妻子所說的任何一句話，恐怕他都很難做到，這便是消極被動地傾聽。

第三個層次是有選擇地傾聽。人與人之間的興趣不同，在溝通的時候感興趣的話題也不同，所以就會出現選擇性傾聽，即挑選自己感興趣的那部分進行傾聽，對與自己相左的意見則充耳不聞。在這樣的情況下，只有當談話涉及了合自己口味的話題，才能真正聽得進去。這種傾聽難免會對訊息的接收產生一定的影響，造成偏信則暗的局面。所以這種層次的傾聽也是不可取的。

第四個層次是專注傾聽。傾聽者會保持始終如一的積極態度，甚至能夠複述出傾訴者所說的內容，雖然能夠獲得大量的資訊，但至於傾聽者是否真的能夠聽出來傾訴者的本意，則是未知數。

第五個層次是有同理心地傾聽。就是在溝通中進行積極的換位思考，設身處地地去傾聽他人的想法。有同理心的傾

聽，目的不在於做出恰如其分的反應，而在於透過溝通去了解他人的想法、觀點和感受。認真傾聽的過程中，不僅需要耳朵專心去捕捉他人發散的訊息，還需要眼睛跟肢體動作相配合，盡可能地讓自己感同身受，從而實現高水準、高品質的溝通。

這是傾聽的五個層次中的最高境界，是一種專注的傾聽，也是溝通中每個人都渴望掌握的技巧。當我們學會有同理心地傾聽時，就能夠透過技巧性的詢問令不願意表達意見的傾訴者坦誠地講出自己的觀點，從而解決問題。

美國著名主持人林克萊特曾經在節目上與一個小男孩進行溝通，林克萊特問道：「小帥哥，你長大以後想要做什麼呀？」小朋友滿懷壯志地說道：「我想要成為一名飛機駕駛員！」林克萊特接著問他：「那如果將來有一天，你駕駛的飛機飛到太平洋上空的時候燃料用光，所有的引擎突然熄火了，你會怎麼做呢？」小朋友認真地思考一下，然後回答道：「我會告訴飛機上所有的乘客，綁好自己的安全帶。然後我打開降落傘跳下去。」

現場的觀眾哄堂大笑，就連主持人林克萊特也樂得東倒西歪。無疑，此時大家都認為這個孩子只不過是一個幽默的自私鬼。孩子被他們突然的發笑弄得手足無措，差點哭了出來。林克萊特繼續追問他，問他為什麼要這麼做。孩子顯得

有些委屈，他在林克萊特的注視下開口說道：「我只是回去拿燃料，我還要回來的。」

孩子話音落地，現場一片沉默。大家這才發現，這個孩子的善良與悲憫遠遠超出了他們的想像。

現場的觀眾包括林克萊特都在聽孩子講話，但是他們顯然並沒有做到有同理心地傾聽。孩子的想法固然過於單純，但這無疑是他最真摯的想法。而在場的所有人卻以複雜的思想揣度了一個孩子純潔善良的內心。

我們常常犯這樣的錯，聽話聽一半，曲解他人的想法和言論，這才造成了溝通不暢和彼此的誤解。抓住溝通要領的人溝通起來事半功倍，抓不住溝通要領的人溝通起來往往適得其反。所以有些時候，當我們在與他人溝通的時候不妨想一想，自己是否真的聽懂了對方話裡的意思，並嘗試著進行換位思考，認真了解他人的為人和思想，而不是一味地將自己的想法強行地投射在他人的言談之上。如此多次探索、實踐之後，想要做到有同理心地傾聽也並非難事。

傾聽四技巧 —— 聽、說如何兼得

　　莎士比亞（William Shakespeare）說過：「最完美的說話藝術不僅是一味地說，還要善於傾聽他人的內在聲音。」傾聽和說話是溝通的兩種最基本形式，善於言談的人，能夠在最短的時間裡找到溝通的切入點，尋求共鳴，加強彼此的認識和了解；善於傾聽的人，能夠輕鬆地掌握他人的想法，促進彼此間情感的交流，加深彼此的關係，有助於個人人格和思想的完善。作為溝通中的兩個有效途徑，傾聽和說話是否能夠同時進行呢？

　　世界汽車銷售第一人喬‧吉拉德（Joe Girard），曾經因為連續十五年創造了汽車銷售最高紀錄而被載入金氏世界紀錄大全，但喬‧吉拉德並不是沒有推銷失敗的時候。

　　有一次，喬‧吉拉德向一位男性顧客推薦一款新型汽車。他的接待充滿了職業熱情，推薦的過程中，他詳細地為這名顧客介紹了新車的效能和優點。客人聽完他的介紹也非常滿意，正打算著手辦理購車手續。但變故就發生在喬‧吉拉德從展廳到辦公室這短短幾分鐘之內，客人的臉色越來越

難看，最後突然決定不買了，一樁生意就這麼莫名其妙地打了水漂。

喬‧吉拉德非常沮喪，他不斷地反思自己的接待過程，並沒有發現自己有任何不恰當的言談舉止，他怎麼也弄不明白這位顧客為什麼會突然變卦。下班之後，他反覆思考，甚至寢食難安，百思不得其解之下，喬‧吉拉德忍不住撥通了那位顧客的電話，表達了歉意並希望從顧客那裡得知對方變卦的原因。

顧客說道：「我今天去買車的時候，你並沒有認真聽我講話。簽字之前我反覆提起我的兒子即將進入密西根大學就讀這一好消息，並對你說我兒子喜歡賽車以及他將來的夢想。我將我的兒子視為我的驕傲，你卻對此毫不在意，只顧著推銷自己的汽車，這讓我感覺我沒有得到尊重，我不想和一個根本就不尊重我的人打交道！」

原來這位客人的兒子剛剛考上了知名大學，全家都非常高興，所以決定為兒子買一輛跑車。當客人反覆強調「兒子」的時候，喬‧吉拉德只把注意力放在了車子上，根本沒有用心傾聽顧客的心聲。

卡內基說過：「商業會談並沒有特別的祕訣，最重要的是學會如何傾聽對方說話。」喬‧吉拉德那時候恰恰不懂得這個道理，所以他在推銷後期說再多的話都只是畫蛇添足，

徒增顧客的不滿罷了。這次推銷失敗之後，喬‧吉拉德得到
了寶貴的教訓，他將這件事引以為戒，時刻提醒自己，在向
顧客推銷的時候要做到的不僅僅是口若懸河，還要帶上感情
和真誠去用心傾聽顧客的心聲。

那麼，傾聽有哪些技巧？如何協調好聽與說的比例，把
握住聽與說的時機呢？

首先我們要做的就是端正自己的態度，將自己腦海中的
固有想法通通倒出去，這樣在與他人交流時才不會帶著固有
的偏見。

一位大學教授向日本明治時代著名的禪師 —— 南隱禪師
問禪。南隱禪師用茶水招待他，只見禪師手持水壺往杯中傾
注茶水，水杯已經滿了，但南隱禪師還在繼續倒茶。

大學教授說道：「大師，杯子已經滿了，您不要再繼續
倒了。」

南隱禪師意味深長地說道：「就像這只茶杯一樣，一個
人的腦子裡面裝滿了自己的看法和主張，如果不先把自己的
『杯子』倒空，怎麼能說禪呢？」

伏爾泰（Voltaire）說：「耳朵是通向心靈的道路。」但
很多人會在這條道路上人為地設下各種關卡。在與他人溝通
的時候，我們都容易犯「自以為是」、「先入為主」的毛病，
讓固有的想法和自己的成見成為溝通的最大障礙。如果看待

問題的時候我們已經戴著「有色眼鏡」，那麼我們又怎麼能夠真正理解他人的觀點和思維呢？當清空了自己固有的看法去溝通時，我們看待問題的方式就會更加客觀，這就為我們與他人進一步溝通打下了基礎。在溝通的過程中，我們需要保持高度的警覺性，盡量將自己的觀點和價值觀排除在外，不要急於反駁和爭論，而是採取理解的態度進行溝通。

其次，在溝通中要特別注意的一點就是，不要打斷對方的言談。巴頓將軍（George S. Patton）嘗湯的故事就是最好的例子。

在第二次世界大戰中，著名的美國軍事統帥、美國陸軍的四星上將巴頓將軍為了顯示自己對部下的關心，做了一次參觀士兵食堂的突襲。他來到食堂之後，看到兩個士兵站在一個大湯鍋前，巴頓將軍命令道：「我要嘗嘗這鍋湯。」

士兵有些為難地辯駁道：「可是，將軍……」

巴頓將軍大手一揮，阻止了士兵的話，他說道：「沒什麼好可是的，幫我拿把勺子過來！」

士兵迅速地找了一把勺子遞給巴頓將軍，巴頓將軍接過勺子舀了一勺，他嘗了一口之後大聲訓斥道：「這也太難喝了，怎麼能給我們的戰士喝這種湯呢？這簡直就是刷鍋水！」

士兵回答道：「將軍，剛才我正想告訴您這是刷鍋水，想不到您居然自己嘗出來了。」

聽人說話的時候要聽完整，這是傾聽中非常重要的一點，如果我們只聽一半就很容易誤解對方真正想要表達的意思，造成斷章取義的錯誤，發言先於思考是傾聽中的大忌。

再次，除了專注地聽別人說話、不隨意插嘴打斷他人發言之外，懂得適時發問，也是提升溝通效果的重要方法。一般來說，人們思考的速度要遠超說話的速度，當我們思考問題時大腦運作過快，言談難免會跟不上思維，難以準確地表達內心真正的想法。傾訴的人會發生這種情況，傾聽的人也不例外，這就常常會造成溝通中的誤解。當我們在沒有辦法了解傾聽者言談的意思時，不妨適時地發問，把自己的理解向傾聽者複述一遍，盡量減少溝通中的誤解。

最後，在傾聽時，我們除了注意接收對方話中傳達的訊息之外，還要注意對方的肢體訊息，有時候肢體語言所傳達的訊息更為準確。此外，在他人傾訴的時候要面帶微笑，注視他人的眼睛，這也是傾聽者的肢體語言，這種回饋能夠促使傾訴者說的話更多。

Part3
非語言溝通 —— 此處無聲勝有聲

　　溝通的成功與否，聽與說的技巧很重要，志同道合的共同話題和適宜的環境也很重要，只有天時、地利、人和都達到一定的程度，才能促成溝通的「緣分」，才能因為「結緣」而使得人際關係得以完善，才能於言語之外實現心理上的接受和心靈上的互通。

打造緣分 —— 道不同不相為謀

　　美國心理學家巴克（Larry Barker）曾經把人類的行為角度作為出發點進行研究，並提出將非語言溝通（Nonverbal communication）的資訊傳遞管道歸類為非語言符號的建議。所謂的非語言符號就是指人類在溝通中的各種靜態和動態的包含有某些特定意義的資訊載體，所以可以分為靜態非語言符號和動態非語言符號兩種。其中靜態非語言符號則包括人的外貌、環境特徵、服裝飾品、空間距離和情緒控制等。動態非語言符號則包括有聲和無聲兩種，有聲非語言符號有叫喊、哭泣聲、笑聲、呻吟等；無聲的非語言符號則是指人體的肢體動作、聲音、氣味、色彩等。

　　也許我們平時並沒有特別注意過，但在我們的日常生活中，非言語傳播隨時隨地都在進行。生活中，很多人都喜歡用「緣分」這個詞。比如，著名愛情神話《白蛇傳》中，白素貞和許仙兩個人是千里姻緣一線牽。男生在搭訕心儀的女生時會說上一句：「相逢即是有緣，美女，不如我請妳吃個飯吧。」又比如，兩個小學同學從分開後再沒有見過，直到

同學聚會時相見，幾個月後兩人閃婚，這種喜聞樂見的事我們會說是命中注定的緣分。還有，在恭賀他人新婚之喜的時候，我們會說新郎新娘的結合是金玉良緣……

其實所謂「緣分」，也可以理解為一種靜態非語言符號，主要表現在空間距離上。分析人際關係時我們不難發現，那些距離我們越近、抬頭不見低頭見的人，跟我們的生活有很多的交集，除了家人就是經常聯絡的朋友，我們了解得越深，彼此間的關係就會越密切，這便是我們與他們之間的緣分。而當女生之間關係密切的時候，甚至會出現生理期重疊的神奇狀況。我們也常說很多夫妻有夫妻相，因為兩個人在一起生活得久了，生活習慣趨同，表情動作彼此模仿，這樣相互影響之下，兩個人會越來越像。也有科學家指出，外貌特徵相似、性格相同的夫妻在很多事情上會比個性相差過大的夫妻更容易產生共鳴。

很多人可能連小學同學、國中同學、高中同學甚至大學同學的名字都記不住了，因為大家生活的地方各不相同、從事的職業五花八門，生活中沒有必要的交集，所以他們非常自然地被排除在了我們的圈子之外，保持著「無緣」的空間距離。而對於有些人，我們非常欣賞他們的思維方式和行為特點，但由於時間和空間的距離、生活水準的差距等，我們往往很難在工作、學校或者生活中與他們有近距離的接

觸，這便是缺乏緣分。這時候即便我們想溝通，也沒有什麼機會。

此外，人是具有多面性的，在不同的環境之下，人的態度也有著各式各樣的差別：在陌生人面前矜持得像隻兔子，在熟人面前則像興奮打滾的哈士奇。在陌生人面前，人們的表情多帶有警惕和戒備；在公司工作的時候，人們多是表情嚴肅的；到了家人朋友面前，我們才會真正放下防備，丟掉面具。

不僅僅是溝通態度，人們在不同的對象面前所表現出來的溝通方式也各不相同。對於不熟悉的人，我們會小心地收斂我們的本性。而那些越是相互熟悉的人，開起玩笑來越會肆無忌憚，因為彼此都清楚對方的底線在哪裡，在安全的情況下，開一些不傷害他人的玩笑反而有利於密切彼此的關係。在跟信任的人溝通的情況下我們也更願意敞開心扉，講的話更多。

在緣分這種說不清道不明的非語言溝通的作用下，兩個人從最初素不相識的陌生人，變成點頭之交，再由點頭之交變成彼此了解的朋友，然後逐漸演變為親密無間的至交好友，這是一個非常神奇的過程，也是我們昇華友情必須經歷的一個過程。

那麼，通常我們容易和什麼樣的人產生緣分、成為朋友

呢？儘管人與人的相處過程中，需要透過溝通來進行了解，但就算是兩個人天天都能見面，想要做到真正相互了解也是十分困難的，否則，古人也不會寫出「白首相知猶按劍」、「知人知面不知心」等詩句。畢竟人心隔肚皮，每個人的所處位置不同、思維方式不同、所持觀點不同，在很多問題上都容易出現分歧，這也正是溝通中普遍存在的原因。如果我們能遇到非常有緣的人、能一拍即合地成為彼此的知心朋友，除了空間距離的因素之外，對方的身上往往還會存在一個顯著特徵：和我們有著共同的愛好和人生觀念。在法國作家安托萬・德・聖-修伯里（Antoine de Saint-Exupéry）的著作《小王子》（*Le Petit Prince*）中，小王子的交友經歷就是一個極好的例子。

小王子乘著候鳥離開自己生活多年的 B612 星球到其他星球旅行。在第一個星球上，他遇到一個統治欲望強烈而無一個國民的國王，兩個人進行了對話，但不是有效溝通，小王子無法理解國王的統治欲望，更無法理解為什麼一定要等到某一個時刻才能夠看到太陽落山；在第二個星球上，小王子遇到了一個自以為是且虛榮的人，他要所有人都崇拜他，雖然小王子暫時對這個虛榮的傢伙脫帽致意的行為感興趣，但他卻無法理解。

後來，小王子又遊歷到其他星球，分別見到了一個消磨

光陰的酒鬼、一個唯利是圖的商人、一個循規蹈矩的點燈人和一個學究式的地理學家。小王子前前後後遊歷了六個星球，但他沒有和這些人實現任何有效的溝通，因為他們之間的經歷不同，價值觀差別也太大了，彼此了解可謂是難上加難，以至於小王子都不想停留。

在地球上，小王子遇到了狐狸，他們從最初的陌生到熟悉，兩個人的貼心交流實現了彼此間的有效溝通，建立了親密的關係，小王子也從狐狸那裡明白了愛的真諦。

科技的發展讓我們的交友範圍更廣，這種「物以類聚，人以群分」式的溝通交友方式的挑選條件也更加細緻：喜歡動漫的人有相應的動漫社群可以溝通交流、喜歡手工製作的人有手工製作社群、熱愛運動的人也有各種運動社群等。龐大、迅捷的網路系統在一定程度上縮短了人與人之間的空間距離，不僅方便了我們的生活，還讓我們更為便捷地找到了志同道合的朋友。而日常生活中也是如此，看電影時，我們會想找個有同樣觀影喜好的朋友一同觀看，以便分享觀後感；逛街的時候，我們會約那些愛逛街的朋友而不是那些喜歡網購甚於實體店的人；外出旅遊的時候，我們會和喜歡旅遊的人一塊出去而不是那些喜歡宅在家裡的人。

彼此間興趣愛好的相似性決定了人際關係的密切程度。也就是說，空間上的接近、彼此之間的熟悉度和相似性會對

我們的人際關係產生一定的影響。而這些元素並不會主動發出什麼聲音，它們基本上都是以內心的自我感知、無聲的非語言溝通來實現的。

與此同時，我們與另一部分人的溝通卻顯得困難重重，那多是一些我們不熟悉、不了解的人。為什麼與不同的人溝通下來會有不同的結果呢？細心觀察之後我們會發現，溝通效果既會受到溝通雙方個人因素的影響，也同時會受到溝通環境的影響。

在個人因素方面，溝通的一方表達能力不足、訊息傳遞不恰當不及時的話很容易產生誤解，而當溝通的另外一方情緒不適合溝通、理解能力出現障礙，或者是在溝通的過程中有選擇地接收訊息、將部分自己不感興趣或者是不喜歡的訊息過濾掉的話，那兩者根本就不能實現有效的溝通。另外，每個人的成長背景、性格、人生經驗、教育程度、思維方式、理解能力、價值觀念等各不相同，在思考問題和溝通的時候也難免會受生長環境和教育程度等影響，必然會有一定的知識局限性，在這種情況下也很難實現有效溝通。對牛彈琴的故事想必大家都不陌生：

戰國時期，有個名叫公明儀的音樂家，作曲演奏俱是一絕。他尤其善彈七弦琴，悅耳動聽的琴聲聽得眾人如痴如醉。公明儀喜歡踏青，常常抱著琴到郊外演奏。

有一次，他看到一頭牛正在吃草，四周風景秀麗，他不由得來了興致，把琴一擺，為這頭牛彈奏起來。但老黃牛依舊低頭默默吃草，對於公明儀的美妙琴聲無動於衷。公明儀心想可能是這曲子太高雅了，換個通俗點的小曲試試，可老黃牛甩了甩尾巴還是低頭吃草。公明儀不信邪了，使出渾身解數彈起了自己最拿手的曲子，可是效果依然不好，老黃牛甚至甩了甩尾巴走了。

公明儀見狀傷心極了，以為自己的曲子不好聽。這時旁邊的人勸道：「不是你的曲子不好聽，是你彈的曲子不合牛的耳朵。」最後，公明儀只好抱著琴垂頭喪氣地回去了。

公明儀想透過彈琴和牛溝通，但公明儀不懂得牛的心思，牛也不懂得公明儀的想法，他們之間語言又不通，溝通失敗是必然的。但如果公明儀不是拿琴聲，而是拿鮮嫩的青草與牛溝通的話，牛也許會給他一些回應。我們和他人溝通也是如此，在了解他人想法、求同存異的基礎上，抓住對方和自己有交集的那部分話題去進行溝通才不會不歡而散。

在溝通的環境方面，我們可以發現，由於溝通的內容不同，溝通的環境也會有所不同。商業會談一般都在各個公司的會議室舉行；公司的茶水間則是普通員工閒聊放鬆的好去處；情侶之間談情說愛會找一個安靜的小公園或是氣氛靜謐、燈光昏暗的咖啡廳；朋友之間的閒聊嬉鬧不會在辦公室

進行。在恰當的時間地點，說恰當的事，才能夠讓溝通得以繼續。

　　而選擇不恰當的時間、地點溝通的話，只會影響訊息的傳送。舉個最簡單的例子：如果一個人的生命正處於危急時刻，那麼，就算跟他講再好笑的笑話也未必笑得出來。上班族們也常常說「下班的時候不要談工作」，已經忙碌了一整天的員工們好不容易下班可以休息一下了，在該好好放鬆的時候談論工作，怎麼說也不是一個令人愉快的話題。

　　總而言之，溝通的成功與否，聽與說的技巧很重要，志同道合的共同話題和適宜的環境也很重要，只有天時、地利、人和都達到一定的程度，才能促成溝通的「緣分」，才能因為「結緣」而使得人際關係得以完善，才能於言語之外實現心理上的接受和心靈上的互通。

目光交流 —— 來自心靈之窗的親切問候

　　在人際交往中，我們多數情況下是透過無聲的動作來溝通思想和感情的。動態無聲的溝通主要包括：手勢、運動體態、臉部表情、觸碰、眼神五個方面，其中用途最廣是就是眼神。

　　用眼神交流，是人類的一種本能。心理學家發現，嬰兒學會說話之前，目光會跟隨著他人的目光，用眼神來進行交流。一旦父母的目光離開，嬰兒的笑容也會隨之消失，當父母把目光移向某一個位置的時候，嬰兒也會朝這個位置看過去。

　　眼睛是人們心靈的窗戶，眼神是人最有靈性的一部分。我們的祖先很早就發現了眼睛的妙用，在浩瀚的成語字典裡，關於眼睛的詞彙非常之多，比如眉開眼笑、含情脈脈、顧盼神飛、暗送秋波、眉目傳情、目光如炬等，這些詞語無不說明了眼睛能夠傳遞出多種情感訊息。美國十九世紀著名哲學家拉爾夫‧沃爾多‧愛默生（Ralph Waldo Emerson）曾說：「人的眼睛和舌頭說的話一樣多，不需要字典，卻能夠

從眼睛的語言中了解整個世界。」的確如此，在日常生活中，非語言溝通在人際交往中的作用越來越明顯。

我們常說的「只可意會，不可言傳」，恰如其分地說明了眼神的重要性。我們不僅可以將平時常見的喜怒哀樂透過眼神傳達，還可以運用眼神表達出人們內心豐富、細微的感情，如深情、寵溺、膽怯、恐懼、理解、自信、卑微、驕傲、輕蔑等，這其中有很多感情是人類的肢體語言和言辭所無法代替的。在考場上，如果學生出現了作弊的行為，那麼監考老師一個警告的眼神掃過去就能夠讓學生收起手中的小紙條；對於不喜歡的人或者言論，翻一個白眼就能表達自己的不滿。

《羅馬假期》（*Roman Holiday*）這部電影之所以感人，就是因為演員的眼睛中傳遞出的豐富情感打動了觀眾的內心。

在著名的浪漫愛情電影《羅馬假期》中，由奧黛麗·赫本（Audrey Hepburn）扮演的安公主（Princess Ann）作為王室繼承人出訪歐洲的各大城市，而她歐洲之行的最後一站是羅馬。安公主厭煩了皇室的規矩，想要像一個普通遊客一樣盡情閱覽羅馬地區的優美風光，但她的侍從卻以皇室繼承人不宜在普通民眾面前拋頭露面為由限制了她的行動，並給她注射了鎮靜劑。安公主假裝睡著，趁著侍從走出房間的時候

偷偷地跳窗跑到了大街上，但由於藥效發作，安公主迷迷糊糊地在路邊的長椅上睡著了。

這時，美國新聞社的一名窮記者喬伊·布萊德利（Joe Bradley）恰好經過那裡。喬伊以為她不過是一個醉酒的女子，所以打算叫來計程車把她送回家。但安公主睡得太沉了，喬伊·布萊德利根本叫不醒她，無奈之下只好將她帶回自己家裡，把家裡的沙發借她睡了一晚。

第二天，侍從發現公主不見之後立刻發了公告。喬伊·布萊德利這才知道自己帶回來的少女就是安公主，這對於喬伊·布萊德利來說簡直是天上掉下來的好事，他本來就打算寫一篇關於安公主的獨家內幕報導。

安公主醒了之後嚇了一跳，喬伊連忙解釋。安公主放心後，向喬伊借了些錢，獨自來到羅馬大街閒逛。喬伊·布萊德利則連忙聯絡了攝影師歐文（Irving Radovich），讓他做好準備，而自己則悄悄跟蹤公主，然後在西班牙廣場製造了一場偶遇。

喬伊·布萊德利成了安公主的嚮導，駕駛摩托車載著她遊覽羅馬，而攝影師歐文則駕駛小汽車跟在後面拍攝照片。安公主完全沉浸在羅馬的美景中，始終沒有發現身後的偷拍者。她率真可愛的樣子都被鏡頭記錄了下來。

安公主的失蹤引發了皇室上下的恐慌，國王祕密派出便

衣警察四處搜尋公主的蹤影。喬伊‧布萊德利和安公主在水上舞廳參加舞會的時候被便衣警察發現，由於公主的反抗，便衣警察採取了強行綁走的行為。喬伊‧布萊德利與歐文和便衣警察們打了起來，就連率真的安公主也參與了進去，最後警察將擾亂舞會的便衣警察抓獲，喬伊‧布萊德利則帶著公主逃之夭夭，安公主開心極了。

快樂的時光非常短暫，一天過去了，安公主不得不回宮去承擔自己的責任。但經過一天的相處，她已經和喬伊‧布萊德利擦出了愛情的火花。由於身分懸殊和身上所肩負的責任，他們的愛情注定沒有圓滿的結局。兩個人四目相接深情對望，依依不捨地說了再見。

電影的最後也是故事的高潮部分：安公主回宮的第二天舉行了記者發布會，在記者會上公主看到了喬伊‧布萊德利，那目光由最初的驚喜轉為不能相守的低落，一雙明亮的大眼睛盯著喬伊‧布萊德利，彷彿有千言萬語要訴說。兩人相隔的距離不算遙遠，卻只能透過眼神來進行無言的交流。

當其他記者問安公主最喜歡哪個城市的時候，兩個互相凝視的人忽然同時熱淚盈眶。安公主甚至忘記回答，在侍從的提醒下，她回過神來，盯著喬伊‧布萊德利的眼睛誠摯地說道：「我最愛羅馬，我在羅馬度過的日子定會畢生難忘。」

此刻，無法宣之於口、公之於眾的濃濃愛意化作無限深

情從她的雙眼中傳遞了出來。在安公主走下臺和諸位媒體人握手的時候，攝影師歐文被公主的率性和真誠所打動，決定拋棄功成名就的良機，把拍攝的照片送給公主留作紀念。而當安公主走到喬伊·布萊德利的面前時，千言萬語都凝聚在兩人的眼神之中，時間彷彿在他們的深情對視中靜止了一般，但時間又怎麼會真的靜止呢？安公主不得不像對待其他媒體工作者一樣和他握手，移開目光，繼續向前走。

　　走上臺之後，安公主回過頭，目光掠過人群，與喬伊·布萊德利的眼神交會在一處，久久不願意分開。以兩個人的身分來說，此生已經再無相見的可能了，這一回首便是永訣。最後，安公主在侍從的引導下從側門離開了宮殿，喬伊·布萊德利盯著安公主離開的方向，良久之後，他才一步一步走出了宮殿。

　　眼神能夠傳達出一個人的內心情感和心理變化，所以在人際交往中，不同的目光中所流露出的感情語言也是非常不同的。著名的戲曲表演大師把眼神分為看、見、瞧、觀、瞟、飄、眇七種。看是突然聽到了什麼消息，走上去看一看，這是看的眼神；見則較為正式，像我們去見他人介紹的朋友，相親時見對象，這都是見；瞧則有打量的意思，上下觀察；觀是頭微微揚起、觀看遠處；瞟是眼珠轉向一邊，定住之後從眼梢看；飄則是想看不敢看，臉朝向別的地方，用眼睛的餘光去

看，一般小女孩看自己喜歡的人就是這麼個眼神；眇則是似看不看，眼神更為輕飄滑溜一些，有漫不經心的味道。

眼神可以表達我們對某些事的看法，能夠促進人與人之間的溝通交流，方便我們理解對方的心理。根據眼神所傳達的情緒，我們大致還可以將眼神分為以下五種：

告誡

當追求者糾纏在身邊的時候，女神輕描淡寫地瞥上一眼，眼神中頗有不屑一顧的意味，這就清楚地傳遞出了「別費力了，我看不上你」的意思。

抱歉

當我們長時間注視他人令對方不滿的時候，迅速地微笑並轉移目光則表示了我們無意間冒犯到他人的歉意。

謝絕

當我們被他人注視並產生不滿的時候，我們瞥上一眼並轉過目光甚至轉頭、轉身的時候，則表示「我不喜歡你這樣盯著我」。

警告

走到路上，街邊有人吹口哨或者他人不懷好意地看過來的時候，我們能以敵視對方來表示自己的不滿和抗議。暗示對方：「離我遠點，我可不是好惹的！」

拒絕

　　當對方的目光死死鎖定在我們身上時，我們要表達不滿可以緊皺著眉頭，飽含深意地瞥上對方一眼。

　　在日常生活中，目光交流是禮貌交談的要素之一。一個說話時眼神豐富的人常常會讓人留下較為深刻的印象，因為當我們在與他人交流的時候，如果我們看著別人的眼睛，會給人一種受到重視和被尊重的感覺。英國的一位心理學家曾做過一個實驗：他發現人們在溝通時目光停留在對方身上的平均時長為 2.95 秒。在實驗的基礎上，他提出了「5 秒鐘對話」理念，也就是說，在 2.95 秒的基礎上再加兩秒鐘，這個時間長度相當於我們在闡述自己的觀點時看著其中一個聽眾的眼睛，在與對方眼神交會時說完了這句話，相當於這句話是對他一個人說的，這樣會讓人產生一種促膝長談和誠懇的感覺，更容易令對方情不自禁地點頭認可我們的觀點。

　　當我們在與他人交流的時候，運用眼神交流能夠讓溝通變得更加順暢，但眼神的使用也要適度。當你與一個非常熟悉的朋友交流時，眼神交流能夠增加彼此的默契度；當我們與陌生人進行交流時，眼神交流反而容易造成誤會，有時候還不如言語交流和肢體語言交流來得簡單直接。由於中西方文化的不同，東方人和西方人在目光交流上也會有一定的差異。西方人的眼神溝通較為熱烈，在交流時會緊緊盯著對

方，這其實是西方人熱情和重視眼神交流的表現，東方人則認為死死地直視著對方的眼睛是不禮貌的。

那麼，如何做到適度的眼神溝通呢？心理學家經過研究發現，人們在傾聽時有 75％ 的時間在注視講話者，而在談話時人們會有 41％ 的時間在注視對方。而且平均每次注視用時 2.95 秒，而每次對視的時間是 1.1 秒。也就是說，在這個範圍內，目光交流是安全適度且恰到好處的。我們既不能總是盯著對方，也不能連看都不看對方一眼，最好的方式就是在交流中斷斷續續地跟對方進行眼神交會，停留的時間兩到三秒最為適宜。至於眼睛停留的最佳位置則為倒三角區，即對方的眼睛、鼻子、嘴之間的區域。交談時，我們可以在這幾處適時轉移，這既不會顯得目中無人，又避免了長時間的對視。

同時，我們的眼神也應該配合對話的內容、情境進行調整，與我們的肢體動作、臉部表情等保持同步，做到內心充實、情感豐富，眼神中流露出自信、真誠等，才能夠讓溝通效果達到最佳。

笑意盈盈 —— 最美的溝通語言

　　網路上有這樣一個段子：黃老邪教黃蓉武功，先從運氣開始。黃老邪把運氣的訣竅教給黃蓉之後，便讓黃蓉試著自己運氣。誰知道黃蓉卻在原地傻笑起來，黃老邪問她：「我讓妳運氣，妳笑什麼？」黃蓉答道：「愛笑的女孩子，運氣都不會太差。」這雖然是一個因為理解出現偏差而造成的笑話，但無意間透露出了一個真理：愛笑的人，運氣的確比較好。

　　微笑是最好的名片。泰戈爾（Rabindranath Tagore）曾說：「當他微笑時，世界愛了他；當他大笑時，世界便怕了他。」笑容無聲，卻是世界的通用語言，是人與人之間交往的通行證。笑容不需要什麼成本，富可敵國的人能夠擁有它，一貧如洗的人也能夠擁有它。在這個廣袤的大千世界中，人與人之間千差萬別，不同地域、不同國籍、不同膚色、不同宗教信仰、不同風俗習慣的人們儘管語言不通，但一個發自內心的微笑，足以讓世界變成一個和諧的大家庭。

　　笑是人類寶貴的財富，能夠為我們創造很多價值。古希

臘哲學家蘇格拉底（Socrates）說：「在世界上，除了陽光、空氣、水和微笑，我們還需要什麼呢？」笑容的確和維持我們生命的陽光、空氣和水同等重要。一個真誠的微笑不僅向對方傳達了友善的訊號，還顯示出了個人的自信和禮貌。在與他人溝通的過程中，一個真誠的微笑不僅能讓陌生人感受到我們的善意，更能夠溫暖他人的心田，拉近人與人之間的距離，讓我們的心靈更加充實、快樂。笑容還是一把神奇的鑰匙，它能夠開啟人們內心的迷宮，當我們人生失意跌入谷底的時候，一個溫暖甜美的笑容就能夠帶著我們走出黑暗，在凜冽寒冬中讓我們感受到春天般的溫暖。

在一個小鎮上，有一位富翁，他有良田千頃，金銀珠寶更是數之不盡，但這個富翁仍舊很不快樂，每天唉聲嘆氣。有一天，這個富翁沮喪地走在路上，這時候，富翁的對面走過來了一個小女孩，小女孩用天真無邪的大眼睛靜靜地注視著富翁，然後大方地贈予這個垂頭喪氣的傢伙一個甜美的笑容。

富翁看著孩子天真的笑臉，突然福至心靈，豁然開朗：為什麼要放任自己每天悶悶不樂呢？像這個小女孩一樣微笑多好啊！就這樣，富翁決定離開小鎮去尋求夢想和快樂。臨行前，富翁為了感謝這個小女孩，給了她一筆鉅款。鎮上的人都覺得奇怪，小女孩究竟做了什麼讓富翁如此感恩呢？

小女孩坦白道：「我並不認識他，也不知道他為什麼會給我錢，我只是在遇到他的時候對他笑了笑而已。」

在這個故事裡，小女孩一個真誠而充滿善意的微笑能夠換來鉅額的財富固然讓人難以置信，但我們無法否認微笑的巨大力量。小女孩的微笑就像一泓清泉，滋潤了富翁乾涸的心靈。正是從小女孩的微笑中，富翁汲取到了尋求夢想和快樂的力量。

笑容不僅能撫慰人的心靈，還能充當人際交往中的潤滑劑，在與他人產生摩擦的時候，一個微笑就能夠化干戈為玉帛。魯迅有一句詩說：「渡盡劫波兄弟在，相逢一笑泯恩仇。」我們在生活中難免與家人、朋友產生分歧；在工作上，總避免不了與同事產生摩擦。有時候爭得面紅耳赤，甚至大動干戈，並不能夠成功地幫我們消除這些摩擦，只會讓彼此的誤解越來越嚴重。其實，有時候一個釋然的笑容就能夠輕鬆消除生活中大部分的誤會和分歧。

瑪麗是一個獨居在家的女子。有一次，她聽到有人敲門，開門的時候，一個男人用凶狠的眼神緊緊地盯著她，手裡還握了一把鋒利的菜刀。瑪麗當即就明白這個男子打算入室搶劫，但是她沒有驚慌失措，反而靈機一動，對著這名男子展露了笑顏，面帶笑容的瑪麗說道：「你是來推銷菜刀的吧！剛好我需要一把……」

　　瑪麗一邊說話一邊把這個男人請進了屋子，然後對他說：「見到你真高興，你和我以前的一個朋友長得很像，他和你一樣也是一個善良的人，我已經很久沒有見到他了。對了，你想喝點什麼？咖啡、牛奶還是茶？」

　　這時男人身上的殺氣逐漸消退，歉疚和懊悔爬上了他的臉龐，他結結巴巴地回答道：「都……都行，謝謝您了。」

　　後來瑪麗果然掏錢買下了那把鋒利的菜刀。這個男人拿著錢慢慢地走出屋子，走到門口的時候，他轉過身來對著瑪麗鞠了一躬，誠懇地說：「小姐，我由衷地感謝您，您的真誠、善良和寬容將改變我的一生。」

　　真誠的笑容能夠撫慰人的心靈，縮短人與人之間的距離，為彼此的進一步溝通打下堅實的基礎。當我們做錯事情的時候，歉意的微笑和和善的語氣又能夠最大程度地幫助我們消除對方的怒火、彌補我們的過失。這也就是我們常說的「伸手不打笑臉人」。在家庭中，多一分笑容就能多一分和睦；在人際交往中，多一分笑容就能贏得一分寶貴的友誼；在社會上，如果每個人都笑臉相迎的話，那麼這個世界的冷淡和敵意就會被最大限度地沖刷掉。

　　飛機起飛前，一位乘客拜託空姐幫他倒一杯水吃藥，空姐非常有禮貌地說：「先生，為了您的安全起見，目前我不能倒水給您，請您稍等片刻，等飛機平穩飛行之後，我會立

刻將水送過來，好嗎？」

　　但飛機進入平穩飛行狀態之後，由於過於忙碌，這名空姐竟然將乘客之前的請求忘在了腦後，直到乘客服務鈴聲響起的時候她才想起來。她來到客艙，發現按響服務鈴的正是這位乘客，她連忙將水送到這位乘客面前，帶著歉意的微笑誠懇地賠罪：「實在對不起，先生，由於我的疏忽，耽誤了您吃藥的時間，我為此深感抱歉。」

　　乘客並不買帳，指著手錶大發脾氣道：「居然要乘客等這麼久，你們的服務也太差了！我一定要投訴妳。」空姐雖然覺得抱歉，但心裡也有一絲委屈，不管她怎麼解釋、道歉，這位挑剔的乘客就是不肯原諒她的失誤。

　　為了彌補自己的失誤，在接下來的飛行途中，空姐每次去客艙為乘客服務的時候，她都會特意來到那位乘客面前，面帶微笑地詢問他是否需要什麼幫助。但這位乘客明顯還沒有消氣，對她的詢問愛搭不理。

　　飛機到達目的地之前，這位乘客要求空姐把紙筆送過去。無疑，他是要寫客訴信投訴這名空姐了。空姐委屈極了，但她仍舊遵守了自己的職業道德，面帶微笑地將紙筆送了過去，並再一次致歉道：「先生，我再次為我之前的疏忽向您道歉，無論您提出任何的批評和意見，我都將欣然接受。」那位乘客一言不發地接過紙筆，一筆一畫地寫了起來。

飛機降落之後，空姐本來認為自己這次一定會受到處罰，但令她意外的是，這位乘客寫下的並不是什麼投客訴信，而是一封言辭懇切的表揚信。這位顧客寫道：「在整個飛行途中，您一再表現出了您的歉疚，而您的十二次微笑更是深深地打動了我。對於您的服務品質我是非常認可的，如果有機會的話，我將繼續乘坐你們的班機。」

笑容是這個世界上最動人的表情，是一種無聲卻美好的語言，是上帝賦予人類的寶貴禮物。當我們對他人展露笑顏的時候，收穫的往往是同等的友好和善意。我們在看到他人的笑容時也會由衷地感受到一絲愉悅。之前網路上曾流傳過一個影片，影片的內容僅僅是一個人在影片裡非常開心地笑。這一影片得到了很多網友的轉發，大家一致認為這是一個魔性的影片，因為很多人在觀看這個影片的時候會不由自主地跟著笑起來。也就是說，開心的情緒是可以傳染的，盯著一張微笑的照片時間久了，我們也會不由自主地揚起嘴角。

笑容是一種令人感覺到愉快的臉部表情，但笑容也是所有表情中最難假裝的一種。

當我們在生活中遭遇打擊和挫折的時候，很多人都會無可避免地陷入感情的失落期，失去活力和希望，此時做出一個快樂的表情是非常艱難的，即便展露笑容，我們也能從那

笑容中看到顯而易見的疲憊和沮喪。而當一個人真正快樂的時候，他的內心會產生一種難以抑制的衝動和愉悅感，這會令他不自覺地上揚嘴角。比如說，拿到了夢寐以求的大學錄取通知書、向暗戀的女神告白成功、中了幾百萬的樂透……這種幸福快樂之感是理智壓抑不住的，會令我們渾身上下的細胞都充滿了勃勃生機。

　　笑不僅僅是一種表情，更是一種真情流露。生活的經驗讓我們能夠清晰地分辨出何謂眉開眼笑，何謂強顏歡笑。美國的艾文·格蘭特博士認為，人的笑容基本上可以分為五種：一是微笑，這種笑容是典型的會心一笑，人們在微笑的時候，唇部會呈向上的弧形，且不露牙齒；二是輕笑，這種微笑最常出現的場合是跟朋友打招呼或與親人相逢時的一種笑容，上牙齒會不經意地露出來，欣喜的意味較為濃厚；三是大笑，這種笑容常常出現在非常開心的情況下，笑的時候嘴巴大張，不自覺地露出上下牙齒，一般不對著他人，會笑得前俯後仰，而且笑聲也非常爽朗；四是抿嘴笑，這種笑容有點類似於輕笑，但與輕笑不同的是，抿嘴笑的時候下唇會含在牙齒之中，這種笑容一般出現在性格較為內向的人的臉上；五是皮笑肉不笑，由於不是真正的開心，笑容不是由內散發出來的，而是在表情上做出的一種偽裝，是一個人在假裝聽懂他人的言論或者笑話的時候做出的一種笑。

　　由於生活壓力的加重，很多人都有「笑都不知道該怎麼笑」的感慨，更多的人試著強顏歡笑，逼著自己做出一副愉悅的表情。當我們的笑容經過了包裝和矯飾，不笑裝笑、皮笑肉不笑，那麼它還會具有豐富的感染力、能夠協調我們與他人之間的人際關係嗎？它的效果無疑會大打折扣。笑容的確能夠增加我們的個人魅力值，展現出我們有涵養、禮貌、友善、親切的一面，在人際交往中幫我們加分，但我們不能忽略的是，笑容是積極心態的外在表現形式，最重要的一點是自然、大方，這樣才能夠最大限度地展示我們的自信和充沛的活力。真正的笑容是發自內心的，充滿了個人情感的、表裡如一的行為。當我們與他人溝通時，展露發自內心的真誠笑容時，才能真正地讓他人感受到笑容中所傳遞的溫暖和善意，引起他人的共鳴，並為他人營造一種歡樂的氛圍，令彼此的友情得到進一步的昇華。

手勢動作 —— 溝通中的指尖舞蹈

在日常生活中，我們需要和很多人進行交流，在和他人交談的過程中，我們除了會用語言傳遞訊息之外，還會運用肢體動作來表達自己的情緒。比如，孩子在表達不滿的時候，會雙手插腰，把頭扭向一邊，下巴高高揚起，當他想要進一步表達自己的不滿時，還會重重地跺腳等。

美國人類學家愛德華·霍爾（Edward T. Hall）曾十分肯定地說過這樣一句話：「無聲語言所表達的意義要比有聲語言多得多。」國內外很多心理學的實驗都證明：相比靜止的事物，人們的注意力更容易被「運動著的事物」所吸引。這一點我們從嬰兒的身上就能發現端倪，當嬰兒同時看到不停轉動的玩具和靜止不動的玩具時，他們會長時間注視著轉動的玩具。

心理學家經過觀察和分析發現：人類 80% 的資訊來源於視覺，10% 的資訊來自於聽覺，剩下的 10% 來自於觸覺、味覺等其他感覺。所以當我們要傳達一條訊息的時候，就要利用肢體語言，在視覺上刺激對方。

　　除了那些明顯的肢體語言，我們會在交流中有意無意地用到我們的雙手，透過雙手做出各種手勢來進行溝通。人的雙手是人體活動範圍最廣、活動幅度最大的部位，它包括從肩膀到手指的活動，還有肘、腕、指、掌各部分的協同動作。雙手相比其他身體器官來說是非常靈活的，做出來的動作也千變萬化，這能幫助我們在溝通中更為生動形象地表達我們的觀點和思想。

　　手勢是人類獨有的一套用手掌和手指位置、形狀來傳達訊息的特定語言系統。五感俱全的人在大部分情況下可以透過語言來完成溝通，但聾啞人卻不可以，所以他們的溝通方法是利用雙手做出手語。手勢這種特定的語言系統包括了世界通用的手勢和聾啞人使用的手語。除此之外，還有海軍陸戰隊、足球裁判、交警等也會使用這種特定的語言系統傳達訊息。

　　手勢作為肢體語言的一種，豐富而又充滿內涵，本身就像文字一樣富有表現力。巧妙地使用手勢不僅能夠令我們的語言顯得生動、活潑和自然，還能夠增強聲音的感染力。多數情況下配合語境使用手勢語言能夠造成很好的表達效果。

　　在餐廳點餐的時候，我們可以透過舉起手的方式來呼叫服務生；當我們走在路上的時候，我們可以透過招手招來計程車司機；當我們要表達自己的贊同和滿意的時候，我們可以透過鼓掌來輕鬆表達，這無疑大大便捷了我們的生活。那麼生活中，我們還會用到哪些手勢語言呢？

握緊手勢

握拳這個動作能夠令人肌肉緊張並感受到壓迫以至於力量較為集中，這個手勢在人們遭遇外界的挑戰、準備進行抗擊的時候會出現，一般在賽場上較為常見，有給自己和隊友加油打氣的意思，也可以用來表現自我緊張的情緒。如果握拳的同時用拳擊掌，則是發動攻擊的訊號，握拳時指節發出咔咔的聲響則表示了對他人的威脅和恐嚇。

十指交叉手勢

十指交叉這種手勢一般來說表示個體的自信，通常情況下使用這種手勢的人神色坦然，面帶微笑，在言談上較為放鬆。但十指交叉時手指放在不同的位置也代表不同的意義：當將十指交叉放在大腿上、兩隻手的拇指指尖相頂的時候，主體的內心則是處於比較糾結的狀態，有點進退兩難和不知所措的意味；如果十指交叉放在臉前的話，則帶有忍耐和拒絕的成分。當對方做出這種動作的時候，內心其實已經十分不滿了，不適合再與其繼續交談下去。

塔尖式手勢

塔尖式手勢是兩手的手指併攏，呈尖塔狀放置在胸前，分為上下兩種。向上的塔尖手勢，一般會在領導者主持會議或教師上課的時候，表示領導者、教師等人的自信、高傲和盛氣凌人的心理，同時還能夠顯示出當權者的獨斷和傲慢，

並對與會者、學生等造成一定的威懾作用。向下的塔尖式手勢則是表示讓步，這種手勢常出現在外交或商業的談判桌上。

除了這三個較為典型的手勢之外，還有我們經常用來表達善意的握手、表示滿意的 OK 手勢、表示讚賞的豎起大拇指的手勢、帶有侮辱性的豎中指和表達愛意的伸出拇指、食指和小指的手勢等。

手勢作為一種無聲的肢體語言，運用的場合非常多，但由於文化和習俗的不同，有的地方使用手勢的頻率較高，有的地方則相反。在南歐地區的很多國家，如希臘、義大利、西班牙等國在溝通中會頻繁使用各式各樣的手勢，有的手勢甚至非常誇張；而在中西歐的國家，如荷蘭、德國、英國等雖然也會用到手勢動作，但運用的頻率較少；而遠在北方的北歐諸國，在溝通中運用的手勢就更少了，有些國家甚至不會使用手勢動作傳遞任何訊息；在亞洲地區，手勢的使用也非常頻繁。

由於文化差異的緣故，相同的手勢在不同的地域上所代表的意義也有所不同，甚至會產生相反的意思。在亞洲，掌心向下的招手動作，是表示招呼別人過來，而在美國卻表示叫狗過來。雖然是同一個手勢，所表達的意思卻完全不同。如果不加了解和分辨便隨意使用，難免會造成誤解。

　　一位巴西商人前往俄羅斯與當地人做生意，雖然語言不通，但經過雙方的努力，還是取得了初步的成功，只要一簽合約，一單跨國生意就做成了。巴西商人對此非常開心，言談之餘他將右手握拳，並把大拇指放在了食指和中指之間，做出了一個交好運的手勢。

　　豈料，他剛做出這個手勢，俄羅斯商人臉上的喜悅就一掃而空，看著他的眼神也少有善意。巴西商人被他看得一頭霧水，這時翻譯連忙告訴這個巴西商人，他的手勢雖然在巴西是交好運的意思，但俄羅斯人的理解則是一種侮辱。巴西人聽完之後當即明白了過來，連忙向俄羅斯人道歉，這才挽救了這筆眼看就要付之東流的大生意。

　　一位美國的企業家前往法國做酒的生意時，參加了法國人舉辦的歡迎宴會。在宴會上，這名美國人品嘗了聞名已久的法國香檳，口感果然醇美無比。美國企業家喝完之後連聲稱讚，並做出了 OK 的手勢。宴會的主人看到後臉色立刻沉了下來，其原因是兩人對手勢的理解出現了分歧：在美國，OK 的手勢無疑是讚賞和滿意，但在法國南部地區，這一手勢卻恰恰表示了商品品質低劣的意思。還好有助手的及時提醒，才讓美國的企業家明白了自己的失誤，經過誠懇的道歉後，兩人之間的誤會才消除。

　　日常生活中，我們在打手勢的時候也要注意禮儀，在溝

通中恰當地使用手勢，不僅能夠增強語言的表達效果和感染力，還能增加談吐的魅力，為自己加分。所以，要想成為一個擁有良好談吐的人，必須重視手勢的特殊作用，了解了手勢表達的含義，積極規範自己的手勢動作。但我們在運用手勢時，也應該根據不同地域、場合和目的恰當運用，不可過度，避免無事生非，影響溝通效果。

肢體語言 —— 身體或許比嘴巴誠實

晚清時期的名臣曾國藩有一個非常特殊的能力 —— 識人。

有一天，曾國藩的學生李鴻章帶了三個後生前去拜訪他，讓曾國藩為他們分配職務。曾國藩有個習慣 —— 飯後散步，李鴻章他們剛好趕上了這個時間點，李鴻章就自己先進裡屋了，讓那三個後生在廳外等候。

過了一會，曾國藩散步回來了，李鴻章連忙稟明自己的來意：讓曾國藩考察一下這三個後生。曾國藩擺擺手說：「不必考察了。面向廳門站在左邊位置的那個人是個老實人，辦事謹慎，可以委派後勤供應之類的職務給他，他必然能夠小心行事，不出差池；站在中間那個人是個陽奉陰違的人，不值得託付，做不成什麼大事，讓他做點無足輕重的事就好；右邊那位是個人才，將來必能有一番作為，可以重點培養一下。」

李鴻章覺得奇怪：「我都沒有介紹過他們，您是怎麼看出來的？這樣是不是太武斷了？難道不應該任用一段時間看看效果再下定論嗎？」

曾國藩笑了笑說道：「我剛才散步回來經過前廳，看到了那三個人。左邊那個人一直低著頭，十分拘謹，兩隻手緊貼著身體，一舉一動都是小心翼翼的，目光也不曾亂轉，態度特別溫順，所以我判斷出他是一個謹慎、腳踏實地的人，適合做些細緻的事情，後勤供應這個工作既不需要什麼開創精神，也不需要機敏善變，所以最適合他做；中間那個人呢，我路過他身邊的時候，他也表現得非常恭敬，可我走過去之後，他立刻就抬起頭左顧右盼、四處打量，可見是個兩面三刀、狡詐機巧的人，這種人不值得信任，萬萬不可委以重任；右邊那個人看上去渾身正氣，雙目炯炯有神，態度始終不卑不亢，所以我判斷他是可造之材，將來必有一番成就。」

這第三人便是淮軍的勇將劉銘傳，曾國藩口中的可造之材果然在後來立下了赫赫戰功，並官至臺灣巡撫。

曾國藩沒有跟那三個人說話，卻判斷出了他們的秉性，他是怎麼做到的呢？就是透過觀察他們的肢體語言。肢體語言又稱為身體語言，是非語言溝通方式的一種，在溝通中有時候可以代替語言，並達成語言無法表達的作用。生活中，除了臉部表情和眼神之外，我們還能夠透過身體的其他部位，如頭、頸、手、肘、臂、身、胯、足等來向他人傳遞訊息，表達自己的情緒。

　　肢體語言也是演員的必修課之一。不同的角色，其肢體語言也各不相同：手無縛雞之力的白面書生做不來舞槍弄棒、打家劫舍的事；深宅大院中教養良好的大家閨秀做不出潑婦罵街的姿態。豐富的肢體動作能夠幫助演員更容易理解和塑造不同的角色，有時候一個動作甚至能夠代表一個人或是一類人。看到有人麻利地從肩膀上抽下來毛巾擦桌子，我們能夠分辨出他的身分是店小二；看到有人在舞臺上甩雙節棍、踢牌匾，我們能夠看出來他是在模仿李小龍。

　　其實，肢體動作不僅能夠代表他人的身分，還能夠傳遞我們的情感。科學研究發現，一個人向外界傳達的完整訊息是由語言、聲調、非語言動作三個方面組成的，其中語言成分占有 7％的比重，聲調占有 38％的比重，而肢體語言占有的比重高達 55％。由於肢體動作是人們下意識的舉動，所以很少有欺騙性。也就是說，肢體語言在溝通中的確能夠真實地反映我們的情感變化。

　　當心情特別好的時候，我們會「手舞足蹈」；當情緒低落的時候，我們會「垂頭喪氣」；當聽到特別出色的演講的時候，我們會不由自主地「鼓掌歡呼」；當焦慮的時候，我們會「抓耳撓腮」；當遺憾悔恨的時候，我們會情不自禁地「捶胸頓足」等。可以說，肢體動作有時候比語言更能夠表達我們的情緒。

生活中，很多的肢體動作都能夠在不知不覺中將我們的情緒表現出來。《福爾摩斯》中有這樣一段文字：「從一個人的手指甲、衣服袖、靴子、褲子的膝蓋處，甚至大拇指與食指間的老繭，以及人的動作、表情等，都能準確無誤地判斷出他的職業來。如果把這些情形連繫起來，還不能使案件的調查人恍然領悟，那幾乎是難以想像的事了。」

當一個人趴在桌子上、手托著下巴、眼睛茫然地盯著遠方時，我們就可以從這個姿勢上解讀出疲憊無力、勞累、不開心、百無聊賴等多種情緒；當一個人鼓起臉頰、然後又長長地呼出一口氣，我們可以判斷出他是在透過這個舉動來進行自我安慰，釋放自身的壓力；當一個人攤開雙手、聳聳肩膀，我們可以看出他這一動作中包含了無所謂、滿不在乎的態度，從這樣一個姿勢中我們還能夠判斷出，經常做這一肢體動作的人基本上都是非常熱情、開朗好客的人，人際關係必然很好。

當一個人說謊的時候，他的臉部表情也許會配合謊言做出一定的調整，但他的肢體動作一定不能夠隱瞞。義大利兒童文學作家卡洛・科洛迪（Carlo Collodi）在 1881 年寫過一本叫《木偶奇遇記》（*Pinocchio*）的書，書中一個經典的形象是木偶皮諾丘，皮諾丘有一個較為顯著的特點，只要它說謊，鼻子就會迅速變長。現實中雖然沒有這樣的事例，但這

並不代表一個人說謊時就沒有任何端倪。經過觀察我們可以發現，當一個人說謊的時候，他會不自覺地閃避開他人的視線，並附帶著摸鼻子、撓頭的動作。

在溝通中，如果我們認真觀察他人的肢體動作就能夠獲取更多有用的資訊。掌握了肢體語言並適當地運用肢體語言不僅會令我們的語言更具有感染力，更容易打動人心，還能夠提升溝通的品質，幫助我們更為便捷地建立良好的人際關係。

溫暖的擁抱 ── 陪伴是最長情的告白

　　網路上曾流行這樣一句話:「陪伴是最長情的告白。」在網路通訊技術飛速發展的時代,資訊交流越來越便捷,社交媒體更是層出不窮,為我們維繫老朋友、結交新朋友提供了許多便利的管道。現在,我們越來越習慣透過手機、網路這些科技產品維繫自己的人際關係,透過加入各種圈、各種群、各種論壇等來尋找與自己有共同愛好的朋友,但很多人還是會感到有種難以排解的孤獨。

　　這是因為在人類的感情認識中,文字、語言、面對面交流和肢體接觸這四個交流方式是逐漸遞進的。當我們在網路上對一個人感興趣的時候,我們可能最開始只是喜歡他的文字、他的思維方式、他的表達技巧,當我們對他的興趣足夠濃厚的時候,我們會想要聽聽他的聲音、見到他的面容,甚至與他有肢體接觸。這是一件非常正常的事,就像我們愛上一個人,雖然我們能夠和對方通電話,可還是想要和對方見面、約會、牽手、擁抱等。因為更新感情的必要步驟不是透過電話聽到對方的聲音,而是切實的接觸,讓他待在自己身

邊，儘管什麼事情都不做，也依然會覺得安心和溫暖，這就是無聲的溝通、陪伴的力量。

在古風歌曲〈牽絲戲〉中有這樣一則文案：

主角在少不更事的時候，就能夠看到一些旁人看不見的、非同尋常的東西。有了這樣一個特殊的技能，主角又是初生之犢不畏虎的年紀，對於稀奇古怪的事情他並不畏懼，加上好奇心強，所以常常獨自出遊，遍覽山河風景和各地奇聞軼事。在出遊的路上，主角遇到了一個鬚髮皆白的老頭，目睹了一件令人感慨的異事。

時值隆冬季節，天上正下著大雪，眼看暮色四合，天色漸晚。為了躲避風雪，主角找到了一個山野破廟。就在這間破廟中，主角遇到了一個演傀儡戲的老頭。老頭滿頭白髮，看上去年紀不小，但衣衫破舊，身上唯一值錢的就是老人手上提著的一個木偶。這個木偶製作精良，宛若妙齡少女，無論畫工還是雕刻都非常逼真，木偶一雙顧盼美目栩栩如生，眸間還繪上了一滴珠淚，恰如少女淚盈於睫，分外惹人憐愛。

廟外風號雪怒，主角和老人並肩坐在廟裡烤火。相逢即是有緣，兩個人閒來無事索性聊了起來，老人說：「我小的時候特別喜歡牽絲戲，聽到盤鈴聲就知道是演傀儡戲的賣藝人來了，爹娘拉著打著都不肯走，非要看完戲。等我長大一

些的時候，還是沉浸在傀儡戲裡無法自拔，這樣一來我學傀儡戲的志向就更加堅定了，心想既然喜歡，乾脆就以演傀儡戲為業好了。就這樣，我跟著賣藝人學起了傀儡戲，每天在三尺紅綿臺毯上操縱著木偶演戲，自娛娛人。這一演就演了大半輩子，到現在四處漂泊居無定所，無妻無兒無女，身邊唯一陪伴著我的就只剩下這個傀儡木偶了。」

　　大概是想到半生流離的孤苦，老人邊說邊哭了起來。主角在一旁勸說老人不必太過傷懷，並請求老人演一出牽絲傀儡戲開開眼。老人點頭同意了，手一抖，盤鈴樂先響了起來。老人鋪開三尺紅綿臺毯，一邊唱著戲文，一邊動手操縱木偶，木偶隨著盤鈴樂翩翩起舞，舉手投足間韻味十足，雙眸更是顧盼神飛，婉媚動人，悽豔的深情更令人心醉。主角不得不嘆服老人的技藝之精湛，一場傀儡戲結束之後，主角由衷地讚嘆道：「您果然是演了一輩子牽絲傀儡戲的人！」

　　老人聽到這句話，心裡暫且感到了安慰，抱著木偶笑了笑，隨即臉色大變，憤怒地說道：「我這一生的落魄都是因為沉浸於牽絲傀儡戲中無法自拔。現在天氣這麼冷，我卻一貧如洗，連個添置冬衣的錢都沒有。還不如燒掉這個木偶，還能暫且暖和一下身子。」

　　說完，老人憤憤然地把手中的木偶丟到了火堆裡。主角伸出手去搶救木偶，可是已經來不及了，火已經燒掉了木偶

那一身綺麗無比的舞袖歌衫，火舌舔上了木偶精雕細刻的細長骨骼，燒得嗶剝作響。

就在主角感嘆著可惜的時候，木偶忽然在火中翩然而起，像個活人一樣悠悠地起身做了個揖，彎腰拜別老人，然後它揚起了臉，臉上宛然有兩道淚痕。木偶突然笑了笑，咔的一聲分崩離析，散落在火堆中。奇怪的是，這堆火沒有加太多的柴，卻一直燒到天明才逐漸熄滅。

老人注視著滿是灰燼的火堆頓時明白了些什麼，捂著臉嚎啕大哭起來，就像當年那個被爹娘攔著不讓看牽絲傀儡戲的孩子。老人感嘆道：「你拚盡全力也只不過讓我暖一晚而已，可從今天起我這輩子就真的是孑然一身、孤苦無依了。」

陪伴，一個看似簡單純樸的詞，其中卻蘊含了太多的溫暖。人是群居動物，我們之所以和其他人進行溝通、建立人際關係，目的就是為了有人陪伴，趕跑揮之不去的孤獨感。在開心的時候，能夠有人分享我們的喜悅；在不開心的時候，找到一個傾聽者，也許他人不能為我們提供意見，但只要有一雙傾聽的耳朵、一雙善解人意的眼睛，就足以在一定程度上撫慰我們的心靈。

和戀人分手之後，受傷的心靈需要得到來自親朋好友的撫慰，這時候，透過電話向摯友訴苦和獲得摯友貼心的擁

抱，哪一個更能幫助失戀的人療傷呢？無疑是後者。生活中這樣的事例比比皆是，在失戀後，男生一般會叫上幾個兄弟一起出去喝酒，女生則會拉著朋友大哭一場，在心裡極度脆弱的時候，我們需要來自他人的溫暖陪伴，這樣才能夠幫助我們更快地走出感情的低谷期。

很多異地戀之所以輕易分手，也是因為缺乏陪伴這種無聲溝通，電話另外一邊刻骨的思念又怎麼抵得過身側時時刻刻的陪伴。只有切實地陪伴在身邊，才能夠真正細緻入微地了解戀人的喜怒哀樂。當戀人遇到困難的時候，一雙溫暖的手遠比電話中長篇大論的指揮和討巧的情話要貼心得多。戀人尚且如此，何況是朋友呢？

范瑋琪的〈一個像夏天一個像秋天〉中有這樣一段歌詞：「我們一個像夏天一個像秋天，卻總能把冬天變成了春天。你拖我離開一場愛的風雪，我背你逃出一次夢的斷裂。」兩個人的關係之所以會變好，就是因為相互陪伴，共同走過了風風雨雨，所以彼此間的感情才會升溫到離不開對方的地步。但如果朋友之間不經常見面、缺少肢體接觸的話，那彼此生疏、沒有共同話題將是必然的。所以，如果我們想要真正和朋友實現有效的溝通、促進彼此的感情，那麼切實的陪伴，比如一個飽含深情的擁抱，無疑是最有效和最令人感到溫暖的「此處無聲勝有聲」。

Part4

職場高效溝通 —— 七招升職必殺技

　　想要對方真的理解我們的想法和舉措，就要根據不同的人選擇不同的溝通方式，從多個方面補上溝通中的漏洞，最大限度地避免溝通漏斗效應的影響，從而解決資訊在傳遞過程中出現的失真問題，減少不必要的誤會，促進人際關係的良好發展。

從 100%到 20% ── 溝通漏斗效應

　　我們在人際交往中有著傾訴的需求，在工作上也需要傳達相應的訊息，但我們也許從來沒有思考過這樣幾個問題：我們傳遞出來的訊息和我們心中所想要傳遞出去的訊息一致嗎？訊息在傳遞的過程中，有沒有缺少和疏漏的地方？對方能夠百分之百地理解我們傳遞出去的訊息嗎？

　　一個男人獨自在沙漠中旅行，炎炎烈日烤得他嘴唇乾裂，漫長的跋涉令他疲憊不堪。這時，他突然發現不遠處的黃沙在烈日的照耀下閃過一道刺眼的光芒。他連忙走上前去扒開黃沙，發現了一盞精美的燈。他用袖子將這盞華麗精緻的燈擦了擦，這時神奇的事情發生了，一股青煙悠悠地從燈中飄出，化作一個精靈漂浮在他面前。

　　精靈開口說道：「我是這盞燈的精靈，因為犯了錯，在這盞神燈中被關了數千年。你救了我，作為報答，我可以滿足你三個願望。」這個人聽完高興極了，手舞足蹈好一陣之後心緒才稍稍平靜，他想起了自己來到沙漠旅行的原因，由於相親對象嫌棄他長得黑，沒有人願意嫁給他，他才獨自一

人遠走沙漠散心。

想到這裡，他激動地說：「因為皮膚黑，我自卑了很久，周圍也沒有人願意和我談戀愛，我想要變白。」精靈點點頭，示意他說第二個願望，這個人抿抿乾裂的唇說道：「在沙漠裡跋涉這麼久，我實在太渴了，我想要喝不完的水。」精靈繼續點頭，讓他說最後一個願望。這個人有些羞澀地說：「我這輩子連女孩子的手都沒有拉過，我想每天都能看見女孩子。我的這三個願望，祢都能夠滿足嗎？」

精靈說：「當然了，這簡直太好辦了，你等著。」說罷，精靈一揮手，把男子變成了一個白色的抽水馬桶。

這個故事聽起來好笑，但發人深思，故事中男子講述的三個願望在我們看來已經表達得足夠清楚了，精靈也滿足了他的願望，看上去是一次有效的溝通，可雙方的各自理解明顯出現了巨大的偏差，最後出現了令人哭笑不得的結局，這是什麼緣故呢？

在管理溝通中，有一個著名的「溝通漏斗效應」。溝通漏斗效應是指在溝通中，一個人心裡想的內容可能有100%，但是在透過對話的方式來傳遞訊息的時候，真正能夠表達出來的訊息只有80%；而對方在傾聽我們的言談時，經過環境因素、思維不集中等因素的影響後，最多能夠接受60%的訊息；但在這60%的訊息中，對方能夠聽懂或者充分

理解的內容卻至多只有 40%；而在執行的過程中，由於各種因素的干擾，最後只有 20% 的訊息能夠被順利執行。也就是說，一條命令釋出下去，想要獲得 100% 的預期效果，但到最後實際執行出來的效果只有 20%。可見，訊息在傳播過程中的銳減程度之大，令溝通交流的雙方不得不重視起來。

溝通漏斗效應有一個發生在國外軍隊中的經典案例：

1910 年，美國的一位將軍對身邊的軍官說：「明天晚上大概在八點鐘左右，哈雷彗星會經過地球，在我們這個地區有可能會看到這一景象。這顆彗星每隔七十六年才能夠看見一次，機會十分難得，你去傳達我的命令，讓所有的士兵明天穿著野戰服在操場上集合，大家一起觀賞這一罕見的天象。如果明天下雨的話，就改在禮堂集合，我將為他們播放一部關於彗星的影片。」

軍官不敢耽擱，執行了將軍的命令，他叫來營長說道：「將軍的最新命令：明天晚上八點，每隔七十六年出現一次的哈雷彗星將在操場上空出現，如果明天下雨的話，就讓士兵穿著野戰服列隊進入禮堂，將軍會在那裡講解這一天象。」

營長叫來連長，傳達上級命令：「最新命令，明天晚上八點，將軍將穿著野戰服出現，為大家展示哈雷彗星，這種事七十六年才出現一次。如果明天下雨的話，就讓士兵到禮堂去觀看。」

連長叫來排長說：「明晚八點，哈雷彗星和穿著野戰服的將軍將會一起出現，這是每隔七十六年才能見到的事情。如果明天下雨，那麼將軍會帶著哈雷彗星來到禮堂中，大家列隊前往禮堂觀看。」

排長向各班班長傳達命令：「明晚八點，哈雷將軍將會帶來身穿野戰服的彗星，這是每隔七十六年才會發生的事情。如果明天下雨，將軍將會和身穿野戰服的彗星到禮堂，大家需要列隊前往觀看。」

等到班長傳達命令時，這條命令已經變成了：「明天八點有雨，哈雷將軍將身著野戰服，開著他的彗星牌汽車，從操場經過到達禮堂。大家要前往禮堂接受哈雷將軍的檢閱。」

我們可以發現，一條完整的命令具體傳達到各個士兵時已經變得面目全非，這就好比是古代朝廷發下來的賑災銀兩，數額巨大的賑災銀兩經過層層盤剝，最後落到災民手中已經是寥寥無幾，根本無濟於事。訊息的傳遞也是這樣，在令出如山的軍隊中尚且如此，何況是企業管理和日常生活呢？

溝通漏斗效應在企業管理中也有一個非常經典的案例：

在一家飯店中，房客周先生正在櫃檯辦理退房結帳業務。這時，他向窗外看了一眼，外面正大雨傾盆，周先生考

慮到自己手中提著行李、不方便撐傘，便向櫃檯的服務員提出了一個要求，要求飯店人員幫他稱下傘，他需要去馬路對面叫輛計程車。

兩個值班的服務員都是女性，其中一個還是櫃檯經理，不過兩人身高都不足一百六，而周先生身高超過了一百八。考慮到身高的差距，櫃檯經理想到了一個適合的人員，飯店中有一個清潔人員，身高接近一百八，而且力氣還很大，能夠幫周先生分擔一些行李，由這名清潔人員幫周先生撐傘最為適合。所以櫃檯經理對周先生說：「請您先稍等一下。」然後，她拿起電話呼叫清潔工。

這時周先生看著旁邊明明閒著卻不予幫忙的另外一名服務員心頭火起，周先生認為飯店是看他退房了，所以態度來了個一百八十度大轉彎，就冷落客人。他提起行李，轉身大步走出了飯店，櫃檯經理連忙結束通話電話、呼喚周先生，但怒火中燒的周先生並沒有回應，他冒著大雨走到對面打了一輛計程車離開了。後來，櫃檯經理發現周先生在顧客滿意度評價中給出了 0 分的負評。

櫃檯經理想的的確非常周到，她顧及到了周先生打傘的要求，也考慮了體力、身高等很多問題，但是在和周先生溝通的時候，她沒有完全表達出心中的顧慮和考量，只是給出了一句「請您先稍等一下」的回應，這句話實際上沒有讓周

先生接收到對方傳遞出的任何有效資訊，從而讓周先生認為這不過是飯店在冷落和敷衍客人。這就是溝通漏斗效應的最直觀展現。

那麼如何避免溝通漏斗效應作祟呢？在職場溝通中，選擇適合的溝通方式和言辭進行交談對於達成有效溝通有著非常重要的作用，具體可以從以下幾點入手：

首先，我們要先明確地指出自己的意願要點，溝通清楚，確保雙方的理解沒有出現過大的偏差後，才能夠繼續將想法實施在行動上，以免像櫃檯經理與周先生那樣產生誤解。

其次，在溝通的過程中我們應該保持真誠專心的態度去傾聽和理解對方的需求。如果我們在和朋友溝通的時候戴著耳機聽音樂或是玩手機，那麼無疑會令朋友的傾訴欲大大減少，直接影響到彼此的關係。在與同事、上司或客戶溝通中更是如此，專心地傾聽能夠讓對方有被尊重的感覺，而且能夠讓我們最大限度地從對方的言談舉止中獲取訊息，減少溝通漏斗效應的影響。

最後，我們在對話的過程中要盡量使用簡潔明朗的言辭進行交談，這樣便於雙方理解，可以減少誤解的產生。另外，在溝通的過程中，我們也要給對方提出疑問的機會，這樣才能夠有針對性地解決溝通中出現的問題。

　　當然，我們也要注重區別溝通。和學生補習一樣，有些學生在課堂上集中注意力聽老師講課，一堂課下來就能夠將老師教授的知識理解大半，但有些學生需要透過補習才能夠追上其他人的進度，這其實也是溝通漏斗效應的一個展現。因此，想要對方真的理解我們的想法和舉措，就要根據不同的人選擇不同的溝通方式，從多個方面補上溝通中的漏洞，最大限度地避免溝通漏斗效應的影響，從而解決訊息在傳遞過程中出現的失真問題，減少不必要的誤會，促進人際關係的良好發展。

知是君王合釣龍 —— 拍馬屁有道

　　拍馬屁，常用於諷刺不顧客觀實際，專門諂媚奉承、討好別人的行為。拍馬屁的典故一說來源於古代蒙古族，蒙古族人民以放牧為生，善騎射，家家戶戶都會養幾匹馬，能夠養出一匹良駒寶馬是一件非常值得驕傲的事情。有時候，人們牽著馬遇到其他牧民時，會相互拍拍對方的馬屁股，摸摸馬膘，並誇讚對方的馬，以贏得主人的歡心。剛開始的時候，人們還會實事求是地誇讚好馬，但隨著時間的流逝和人際溝通的需要，這一習俗逐漸演變為實現良好溝通的一種方式，不管對方養的馬是不是一匹膘肥體壯的好馬，都會拍拍馬屁股，出口稱讚，把劣馬也說成好馬。

　　還有一種說法來源於明朝，雖然杜撰的部分偏多，但也值得一提：

　　天啟年間，天啟皇帝朱由校為了取樂，舉行了一場賽馬，賽馬時間定在了九月九日重陽節，要求京城所有武官全部參加。到了重陽節那天，武官們一個個精神抖擻、躍躍欲試。隨著發令炮響，武官們一個個策馬揚鞭，霎時間萬馬齊

發、塵土飛揚，好不壯觀。

　　就在這個緊張的時刻，有一個人卻不疾不徐地收了馬鞭，在起跑的時候，手伸到馬屁股上輕輕拍了三下，他的馬頓時奮力衝向前方，超過了許多揚鞭疾馳的武官。別的武官一看被人超了過去，連忙拚命揮鞭催馬快跑。但那個人卻再次伸出手輕輕地拍打馬屁股，馬頓時揚蹄狂奔，轉瞬間就把所有人都甩在了後面，不多時就跑到了終點。

　　天啟皇帝覺得非常意外，便把這個獲勝者傳召過來，問他從哪裡得到的神馬，居然不用馬鞭就能夠讓馬跑起來。這個獲勝者正是魏忠賢，他跪下來說道：「我的馬並不是什麼千里寶馬，之所以能夠跑贏其他馬，就是因為我順應了馬的本性，不必揮鞭，只要拍打馬屁股就能夠讓牠迅疾如飛。」天啟皇帝一聽，覺得很有道理，就對他說道：「你既然能夠知道馬的本性，順著馬的本性而為，可見是個難得的人才。從今以後你就跟在朕的身邊，後宮的大小事件都由你來掌管吧！」

　　魏忠賢不但能夠摸清馬的本性，還善於揣度人的心思，哄得天啟皇帝十分滿意。因此，天啟皇帝給魏忠賢的權力也越來越大。他甚至掌握了朝廷，在朝中倒行逆施，陷害忠良。老百姓都說魏忠賢之所以顯赫一時，都是拍馬屁拍來的。

　　後來，人們將便將「拍馬屁」三個字看作諂媚奉承的象徵。一說起拍馬屁，可能很多人都會心生反感，因為在傳統文化教育中，我們常常將踏實肯做作為優點，普遍認為溜鬚拍馬、阿諛奉承這些都是那些善於鑽營的小人才會做的事情。

　　實則不然，拍馬屁自古以來就是一種處世技巧，是人與人之間的一種交流方式。拍馬屁的人付出了稱讚和善意，得到的是對方的好感和額外的機會。和戀人發生爭吵的時候，一句「我要不是看你漂亮、溫柔、善良又可愛，早和你分手了」，遠比蒼白的解釋和毫無自尊的挽留要有用得多。在日本東京，有兩個年輕人甚至把拍馬屁奉承他人發展成了個人職業。說白了，就是明碼標價地提供奉承的服務。雖然聽上去有些匪夷所思，但這兩個人的生意卻越做越大，因為很多人認為花錢聽幾句恭維話買一個心情愉悅是一件非常划算的事情。

　　既然作為溝通技巧的拍馬屁都能成為一種職業了，那麼職場溝通中也一定少不了拍馬屁發揮作用的地方。我們可以發現，歷朝歷代的領導身邊都不乏善於溜鬚拍馬之輩，有些人拍馬屁的技術非常高超，潤物細無聲，能夠在無形之中誇得他人志得意滿，讓人在不知不覺中就接受了他們遞出來的高帽子，為自己贏得高人氣和更多的朋友，有的時候甚至能

夠保住自己的性命。下面這三則故事就是古代職場中拍馬屁拍得十分成功的範例。

故事一：

清朝的大才子袁枚年少聰慧，天賦過人，年紀輕輕就當上了縣令。在去赴任之前，袁枚去向自己的恩師名臣尹繼善辭行，尹繼善問他：「官場上魚龍混雜，稍有點不當之處就會得罪他人，你此去赴任都準備了些什麼啊？」袁枚說道：「財物什麼的學生一律沒有準備，倒是高帽子準備了不少。」

尹繼善聽了說道：「堂堂君子，怎麼能上來就搞這一套呢？還是應該務實勤政啊！」袁枚說道：「老師您有所不知，當今朝廷上下無人不喜歡戴高帽子，像您這樣不求名聲的人實在是屈指可數啊。」尹繼善聽完之後非常高興。

故事二：

南唐中主李璟喜歡釣魚。有一次，李璟帶著身邊的一個寵臣李家明和一干侍衛前去釣魚。李家明釣魚技巧高超，運氣也好，不一會就釣到了好幾條大魚。而李璟這邊卻是毫無動靜，到最後一條魚都沒上鉤。李璟想到自己身為皇帝卻一條魚都沒有釣上來，難免面子上有些掛不住，但這能怪誰呢？只能怨自己的技術不過關。李璟不好發作，但心裡總歸不大舒服，臉色也不是很好看。

李家明是個善於揣度人心的人，他知道李璟心情憂鬱，

便向李璟請求為釣魚之事賦詩一首。李璟恩准之後，李家明作了一首〈元宗釣魚無獲·進詩〉：「玉甃垂鉤興正濃，碧池春暖水溶溶。凡鱗不敢吞香餌，知是君王合釣龍。」詩文的前兩句寫的是垂釣的環境優美，後兩句則是拍馬屁了：「李璟為什麼沒有釣上魚？因為這些魚知道是皇帝在這裡釣龍，小魚小蝦怎麼有資格咬鉤？」果然詩文一呈上去，李璟之前鬱悶的心情一掃而空，龍心大悅之下對李家明大行封賞。

可見，在人際交往中，尤其是在工作場合面對上司的時候，適時、適當的讚美會造成意想不到的效果。但拍馬屁也是需要技巧和學問的，自不量力地亂拍一通並不會收到預想的成效，那些漂亮的奉承話背後必然有著奧妙所在。

故事三：

清朝，康熙皇帝身邊有一個名叫高士奇的臣子，很受康熙皇帝的寵愛。經常陪著皇帝閒聊宴飲，底下的大臣也知道見風使舵，眼見皇帝寵愛高士奇，便連忙送禮給高士奇。有人彈劾高士奇收受賄賂，康熙皇帝知道之後責問高士奇，高士奇也不辯解，如實招來說：「他人送禮給我不過是因為皇上寵愛我罷了。」此話一出，康熙皇帝知道了高士奇話裡的意思，便沒有多加責罰，依舊非常寵愛高士奇。

高士奇能夠得寵，靠的並不是一張嘴，而是自己的真才實學。康熙皇帝喜歡題字，不管走到哪都喜歡題字留念。有

一次，高士奇陪著康熙皇帝遊覽泰山，康熙帝詩意大發，正要在匾額上題上「而小天下」四字，意為登泰山而小天下。結果寫的時候「而」字的起筆起得太低了，重來吧，面子掛不住。正左右為難的時候，旁邊的高士奇猜出了皇帝的心思，問道：「莫非陛下要寫的是『一覽皆小』四個字嗎？」康熙皇帝一聽不由得釋然了，順勢寫了「一覽皆小」四個字。

後來前往杭州靈隱寺遊玩的時候，康熙為靈隱寺題字，本想題上「靈隱禪寺」四字，但寫「靈」字的時候把雨字頭寫大了，一下子有點不好收場，又是高士奇在旁邊解了圍，高士奇感嘆道：「此寺上有流雲翩躚、下有悠悠密林，真乃人間美景啊。」康熙皇帝聽後頓時心領神會，揮筆寫下「雲林禪寺」四字。

透過這個故事，我們可以看出拍馬屁的奧妙之一便是真才實學，有文化有內涵的人才能說出聽起來如同高山流水般有意境不庸俗的奉承話來，而這樣的奉承話之所以能夠打動人心，也不全是因為它是恭維之語，更多的原因在於說這些話的人所表現出來的才華和能力是值得被人讚賞與看重的。高士奇身為康熙身邊的近臣，如果他沒有深厚的文化底蘊和隨機應變的能力，那麼光靠溜鬚拍馬是很難在權力中心立足的，他的位置也會岌岌可危，隨便一個人都能夠取代。反過

來看這件事，能力出眾的人，若是能夠適當地學會一些拍馬屁的技巧，反而會造成錦上添花的效果，比不善於拍馬屁的人更容易取得成功。

任何事物都有其兩面性，拍馬屁也是如此。有些人偏偏不擅長拍馬屁，一不留神就將馬屁拍到了馬腿上，比如一句曲意逢迎、牽強附會的「老闆，您這麼忙，還親自來上廁所啊」就足夠讓人哭笑不得了，因為這樣的奉承話非常不恰當，一點都不用心。拍馬屁應該是 70% 的名實相符的讚美奉承之詞加上 30% 的事實。否則，遇到那些愛較真的人還真容易搬起石頭砸自己的腳。《史記》上記載了這樣一個故事：

漢代時期，衛綰因為擅長在馬車上表演雜技而受到漢文帝的喜愛，被收為侍衛。衛綰做事謹慎，為人忠厚，任職期間立下了許多功勞。漢文帝為了獎賞他，封他為中郎將，讓其統領宮中侍衛。漢文帝的太子劉啟曾經邀請過漢文帝身邊的近臣參加宴飲，但衛綰認為天子近臣不應該和太子交往過密，所以藉口生病沒有出席太子的宴會。太子雖然沒有發作，但心中難免懷有芥蒂。漢文帝臨死之前曾囑咐太子說：「衛綰這個人忠誠可靠，是個難得的良臣，你一定要厚待他。」漢文帝死後太子繼位，是為漢景帝。

有一次，漢景帝前往上林苑遊樂，令衛綰與自己同乘。遊玩回來。漢景帝問道：「衛綰，你可知道我為什麼要讓你

和我共乘一輛車嗎？」衛綰說：「臣最初不過是一個表演雜技的藝人，蒙聖上隆恩，提拔臣為侍衛，還讓臣任了中郎將的職位。臣才疏學淺，實在不知道有什麼資格與陛下共乘一車。」漢景帝聞言接著問道：「昔日朕做太子的時候，曾經請你過府參加宴飲，為什麼你不肯過來呢？」衛綰連忙請罪道：「臣該死，臣當時的確是生病了，無法赴宴。」漢景帝聽他這麼說也不好再追究下去。

漢景帝隨後賜給了衛綰一把劍。衛綰說：「先皇生前一共賜給了臣六把劍，已經夠多了，臣如今深受聖寵，不敢再接受陛下的賞賜。」漢景帝問道：「劍乃是君子所鍾愛的器物，一般不都是用來送人和交換其他東西的嗎？難道先皇賜你的六把劍你都好好儲存著嗎？」衛綰說：「先皇御賜寶劍，乃是天大的榮耀，臣怎敢拿去送人或交換呢？當然要好好儲存了。」

漢景帝偏偏就不相信衛綰的話，便派出身邊的人去衛綰的府邸將漢文帝所賜的六把劍全部取來。等到六把劍取來之後，漢景帝拔開劍一看，果然六把劍都儲存得非常好，絲毫沒有使用過的痕跡，他這才相信衛綰的確沒有為了奉承自己和先帝而說謊。在認可了衛綰的人品之後，漢景帝不僅將衛綰封為將軍，還在衛綰立下赫赫戰功之後，讓其封侯拜相。漢景帝駕崩後，他年僅十六歲的兒子漢武帝劉徹登上帝位，

漢景帝安排輔佐劉徹的重臣正是忠實可靠的衛綰。

如果衛綰的誇讚之中沒有真誠的成分，那麼遇到漢景帝這樣愛較真的人，難免會糊弄不過去。顯而易見，衛綰是一個十分忠誠、謹慎的人，即便拍馬屁，也能夠說得實事求是、做到令人信服，可謂達到了拍馬屁的最高境界 ——「你是真的很好，我句句屬實，你從我的話裡找不出破綻」。

不管是古代官場，還是現代職場，拍馬屁依然都是溝通中一種較為便捷的技巧，是一種待人接物的方式。這和我們進店買東西一樣，如果一家店的店員態度冷淡，甚至出口傷人，而另外一家店的店員則笑臉迎人、口中滿是稱讚之詞，我們更願意去哪家店是不言自明的。正視並適時地使用拍馬屁這一技能，會讓我們在職場溝通中更為簡單便捷地與他人建立良好的人際關係，讓我們在走向成功、步步高昇的路上阻力更少、助力更多。

發言的藝術 —— 好口才使人占盡上風

　　身在職場，少不了要做些講解方案、會議發言的工作，這種形式的溝通有點類似於演講，表面上側重於單方面地將訊息傳遞給聽眾，但實際上仍然是一種互動的溝通藝術，因為不管你想傳遞的訊息是什麼、想表達的意見是什麼，目的都是為了讓聽眾認同、採納。如果不懂得做好發言前的準備工作、掌握表達的技巧、調動聽眾的注意力，那麼再完善的方案、再流暢的表達也會事倍功半。

　　下面我們就從演講的角度來講解一下在職場中，尤其是會議上發言的方法。

　　一般來說，演講分為四種：

讀稿式演講

　　演講者拿著事先準備好的演講稿站在大眾面前，一字一句地照本宣科。這種演講內容極為嚴謹，形式鄭重嚴肅，但它也大大干擾了演講者與聽眾之間的互動和交流，所以一般這種演講多出現在重要的商務場合中。

脫稿式演講

演講者在演講前就已經把演講稿背得爛熟於心，上臺之後就不需要再照著演講稿逐字逐句地讀下去，只要將之前練習好的演講詞背出來便可以了。這種方法雖然不利於臨場發揮，但是能夠培養演講者的溝通能力，只要演講前準備充分，演講時表達自然，不誇張、不做作、不忘詞，即便是初學演講者也能展現出非常具有感染力的溝通效果。

提綱式演講

它的難度要稍微高一點。也就是說不必逐字逐句地設定演講內容，而是像提煉大綱一樣，把演講的主要脈絡提煉出來，記住重點即可，更具體的內容則按照之前所蒐集的資料，根據現場情況用較為自由的語言講述出來。這種演講方式要比讀稿式演講和脫稿式演講的效果更好，因為它既具備了讀稿式演講和脫稿式演講準備充分的優點，又兼具靈活性，便於演講者臨場發揮，能夠與聽眾進行及時互動，達到觀點一致。即便在中途被打斷了發言，也不至於忘詞冷場，只要抓住演講的大綱，就能夠繼續講下去。

即興式演講

這種演講難度最大，但演講的效果也最好。因為在沒有做足準備的情況下進行即興發揮，就要求演講者必須針對在場聽眾的心理需求，在醞釀感情的同時，靈活地組織語言，

以期達到良好的溝通效果。這種演講往往充滿了真情實感，能夠極大程度上感染人心。

在演講節目的舞臺上，香港明星張衛健曾經做過一次即興演講。他一上臺就說了一段非常經典的臺詞，那是由他所飾演的《西遊記（貳）》中孫悟空的口頭禪，說完這段臺詞後，他又調侃了自己，場上掌聲如雷。接下來，張衛健直白地說自己適合這個舞臺，因為舞臺是能夠透過說話改變命運的地方，而張衛健也確實用出眾的口才改變了自己的命運。

緊接著，張衛健情感真摯地講述了自己坎坷艱辛的成名之路 ──

並不是每一個混娛樂圈的明星剛出道就能夠一夜成名、大紅大紫，張衛健也不例外，他日復一日、年復一年地努力拍戲，始終都是不起眼的小角色。一眨眼，張衛健發現自己已經跑了整整十年的龍套，仔細回想起這十年的演員生涯，張衛健決定透過自己的努力爭取說服經理給他一個機會，改變自己的命運。

續簽合約的時候，張衛健見到了經理，他首先向經理介紹了自己的情況，說自己已經有了十年的演員經驗，展現了自己演藝經驗充足的優勢，請經理給他一個當男主角的機會。但是在電視臺中謀生的演員何其多，哪一個不是演藝經驗豐富、迫切需要大紅大紫的機會呢？久經商戰的經理當然

沒有被他的話說服。張衛健接著說：「我對於我的薪資真的沒什麼要求，你可以給我一張空白的合約，我先簽，簽完你願意給我多少就給我多少，因為對於今天的我來說，需要的不是錢，而是一個成名的機會。」張衛健感動了他的經理，續約三個月後，他終於如願以償地當上了男主角，並且演了一部又一部戲的男主角，演藝事業蒸蒸日上。

張衛健說完這段經歷後，深深地鞠了一躬，對待臺下的觀眾就像當時對待他的經理一般。場上一片沉默，觀眾都被張衛健的情緒所感染。

張衛健接著講起了自己的大起大落 ——

人走上一個巔峰的時候，就開始走起了下坡路。好景不長，張衛健的演藝事業在他火紅起來的幾年之後陷入了前所未有的低潮，拍的電視劇收視率很差，出演的電影票房很低，專輯也通通賣不出去，張衛健遭受了空前的打擊，他對當時自己的定位非常準確 —— 一個被命運拋棄的人。他迫切地渴望工作，渴望東山再起。這時命運向他遞出了橄欖枝，和電視臺最後合作的一部戲《西遊記（貳）》中的孫悟空角色讓張衛健從谷底一躍而起，又一次屹立在人生的巔峰。

再次大紅大紫的時候，一位製片人來找張衛健拍戲。由於兩個人在價格上談不攏，這位製片人言辭犀利地羞辱了張衛健。可以說是年輕氣盛不服輸的緣故，張衛健毅然離開香

港，成了一名北漂。其實那位導演說出了一部分事實，即便張衛健在香港再怎麼紅透半邊天，可知道他的人依然是寥寥無幾。

張衛健放平心態，北漂了三年，才又一次演了主角。隨著他主演的電視劇熱播，張衛健再一次爬上了人生的巔峰。此時再回想起以前那名製片人說的話，張衛健很有揚眉吐氣的感覺，他一字一頓地說道：「那位製片人不是說我臉上沒有毛，就一文不值嗎？我就要證明給你看，即便我臉上一根毛都沒有（不演孫悟空），我還是可以再爬上去；我就是要證明給你看，即便我臉上一根毛都沒有，我也是有那麼一點點價值的；我就是要證明給全世界看，一個男人即便頭上沒有一根毛，也是可以很有魅力的！」

張衛健話音剛落，場上響起了一片熱烈的掌聲，此刻每個觀眾都被張衛健的故事深深感動。

相信很多人聽完張衛健的演講後，內心深處不只是感動，想必也深受鼓舞，這就是即興演講的魅力。這種即興演講的感染力是其他演講形式所不具備的，因為這種演講不僅需要個人的靈活應變、超強的記憶力、高超的語言組織能力和豐富的想像力，還需要演講者本身具備良好的品德、才華、學識和膽略。這些優點凝聚在一起才能夠令演講更具有感染力，達到溫暖人心、鼓舞和說服他人的效果。

在商務演講、會議發言的過程中,我們首先運用的便是聲音這個有利的媒介。舉例來說,尖利的嗓音給人一種氣急敗壞的緊張感,太過柔弱的嗓音則沒有什麼說服力,低沉醇厚的嗓音則給人一種嚴肅感,相對來說也更容易吸引聽眾的注意力。

另外,語速也是一個非常重要的因素。演講的時候如果說話速度太快,聽眾會難以跟上演講者的節奏,聽得雲裡霧裡,來不及對重要內容做出適合的反應;如果說話速度太慢,則會讓聽眾產生拖沓之感,喪失了聽下去的耐心。選擇適宜的語速,既給他人思考的空間,又能夠抓住聽眾的心理,便於聽眾接受和消化訊息。

一個良好的開端,是演講成功的一半。

一鳴驚人或是風趣幽默的開場白都是良好的開始,不僅能夠讓聽眾的注意力轉移到演講者身上,還能夠引起聽眾的興趣,為接下來的演講營造一個良好的氛圍。

演講雖然能夠表達感情,但不僅限於表達感情,演講的真正目的是獲得聽眾的支持和響應。演講的時候聽眾的表現各不相同,有的聽眾全神貫注,有的聽眾卻心不在焉,這是因為人都是有選擇地傾聽。演講是傳遞訊息的過程,受溝通漏斗效應的影響,有時候演講者演講時傳遞出的訊息也許有80%,但聽眾接收訊息是會經過選擇和過濾的,對於一些感

興趣的話題，聽眾的注意力相對來說會集中一點，一旦遇到了不感興趣的話題，則會出現演講者在臺上滔滔不絕，聽眾在臺下百無聊賴的情形。因為人們只有面對真正與自身直接利益息息相關的事情，人們的注意力才會較為集中。雖然我們不可能認識臺下的每一位聽眾，但只要稍作了解，即便不能夠詳細了解聽眾的生活經歷、興趣愛好、教育程度等，也能夠大致掌握聽眾的資訊，如年齡階層、知識背景等，在這樣的基礎上，再從聽眾所關心的各方面出發，演講取得的效果自然就事半功倍。

演講也是溝通的一種，但演講和普通的交流有著本質的區別。我們在和他人進行交流的時候，一般都是一對一的，當他人表現出疑問的時候，我們可以停下來專門解答對方的疑問，確認對方真正理解我們的想法後再繼續交流下去，但這一方法放在演講中卻不太適用。因為演講中的當眾發言是一對多的交流，在發言的過程中，很少有人會貿然停下來，針對聽眾們的疑問一一解答，這容易打斷發言者的思路，影響訊息傳遞效果。但這並不是說發言時不需要互動，事實上，任何一種溝通方式都需要與他人進行互動，只是演講時的互動更具有技巧性和針對性罷了。此時能夠幫助我們完成這項任務的就是人類的心靈之窗 —— 眼睛，用眼神來表達感情、傳遞感情，有助於更為確切地將訊息傳遞到聽眾的大

腦中，並可以透過聽眾的眼神反應來進一步確認聽眾理解與否，這種無聲的互動常常能夠促使雙方針對某個訊息達成共鳴。

當然，在演講的過程中，幽默風趣的話語往往能夠輕而易舉地贏得他人的好感，因為它不僅令聽眾精神愉悅，更能夠生動地展現演講者的個人魅力。掌握了這一技能，我們能夠更加簡單快速地吸引和感染聽眾。

著名的辯論家曾經和美國的大作家馬克吐溫共同參加一場晚宴。晚宴上，主人要求宴會中的客人紛紛上前做演講。輪到馬克吐溫上場了，他不愧是作家出身，不僅思維敏捷而且談吐風趣，在臺上滔滔不絕地講了將近二十分鐘，贏得臺下眾人的掌聲不斷。

馬克吐溫講完下去之後，輪到了辯論家，他也被馬克吐溫的犀利思想和風趣言語所征服。所以輪到他時，他開了一個玩笑，他說：「諸位，真不好意思，剛才我和馬克吐溫先生互換了演講稿，所以你們剛才聽到的是我的演講，謝謝大家這麼捧場，給了我這麼熱烈的掌聲。」得彪一番話說完，眾人哈哈大笑，不約而同地將注意力轉移到了得彪的身上。

在現代社會，高超的溝通技巧已經成了人們事業發展必不可少的一項技能。那些有著優秀演講口才的人，往往能夠更快地適應社會的發展和變化，所以想要緊跟上時代的步

伐，增強自身的競爭力，不妨從鍛鍊自己的口才做起，這樣不僅能夠讓我們的身心得到鍛鍊，也能讓我們的溝通能力得到進一步的提升和發展，從而讓我們更好地在職業生涯中實現自我價值。

一圖抵千言 —— 看得多、說得少

　　隨著科技的飛速發展，尤其是電腦和智慧手機的普及，人們在獲取資訊的時候受到的視覺衝擊越來越多，很多年前人們透過報紙來關心民生大事的習慣已經隨著時代的變遷而改變。一份報紙和電腦上的一個新聞網頁相比，後者明顯更能夠吸引人們的注意力。

　　科學家研究發現，人們用眼睛獲取的訊息占人類接收訊息總數的 40％以上，在語言系統沒有完善之前，人們認識世界所使用的方式就是用眼睛去觀察和了解週遭的一切。把我們所看到的東西擷取下來，便是一幅幅的圖片，圖片所傳遞的訊息是多樣的、直接的、豐富的。但有時候我們用圖片去傳遞相關訊息，也需要附注一些文字釋義。因此，文字與影像相輔相成才能更好地傳遞相關訊息。

　　古人對影像和文字兩者的作用認識得非常充分。宋代史學家鄭樵在《通志》中寫道：「置圖於右，置書於左，索象於圖，索理於書。」可以理解為：文字和圖片相互搭配，圖片能夠讓故事內容更加形象化，文字能夠敘述清楚故事內容

和道理，兩者相互促進，關係密切。我們在看武俠電視劇的時候會發現，很多武功高手修練時所讀的武功祕籍都是圖文並茂的，一招一式都介紹得非常詳實，除了人物繪圖之外，還要有心法相輔助，這樣才便於理解和練習，不至於因理解錯誤導致走火入魔。

如今，科技的進步使人們進入了讀圖時代，圖片和文字結合的這種訊息傳遞方式在現代的應用非常廣泛，為我們的生活帶來了很多便利。在當今的教育體系中，不乏有老師用展示圖片和 PPT 課件的方式教授知識給學生，這樣做除了能節省板書時間、減少教師工作量之外，還能夠更加生動形象地展示需要學習的內容，比起蒼白單調得近乎沒有什麼視覺刺激效果的文字，圖片更能夠引起學生的學習興趣，便於學生理解和記憶。

而在職場中，圖片的運用就顯得更為必要了，有時候我們甚至要做出「看得多，說得少」的選擇，因為大部分我們難以口述的數據往往只需要一份簡單的圖表就能夠展示得非常清楚易懂，這時候讓聽眾去「看得多」，不僅可以相應地讓我們「說得少」，而且絲毫不會對溝通效果產生負面影響，甚至還能發揮出錦上添花的妙用。現今我們常用的 PPT 文件是工作中經常用到的一種簡報，它有著和 Word 文件一樣圖文並茂的優勢，但更勝一籌。PPT 文件能夠將各種文

字、圖形、圖表、聲音效果等訊息以圖片和動畫的方式展現出來，它能夠呈現出動態效果，這種聲形俱佳、可觀性更強的優勢也是 Word 文件所不具備的功能。如今在職場上，人們使用 PPT 文件的頻率越來越高，不論是用它做展示方案還是做工作總結，PPT 文件都能夠呈現出一圖抵千言的效果。

在商業演講中，PPT 文件對提升溝通效果有著很重要的作用，我們可以直觀地稱之為 PPT 演講，比如蘋果電腦的創始人史蒂夫·賈伯斯（Steve Jobs）在蘋果電子產品發布會上所做的商業演講就非常具有代表性：

做 PPT 演講的時候，賈伯斯首先放出幻燈片，直截了當、簡明扼要地丟出自己的主題，暗示今天會推出一款重要產品，由此抓住了觀眾的注意力。賈伯斯還為自己的演講定下一條鮮明的主線，直接說有四件事情要宣布，他身後的 PPT 則密切配合著他的演講，保障了觀眾對演講內容的理解。在他提到蘋果產品的銷售業績時，PPT 不僅提供了具體數據，還演示了這些數據的來源，強調了資料的真實度和可靠性。隨後賈伯斯又將美國智慧手機的市場占有情況在大銀幕上進行展示，目的就是為了讓觀眾更為便捷地了解蘋果產品在市場上的比重，為單調無味的數據賦予實際意義。

之後就到了重頭戲上，賈伯斯從演講開始就一直在營造熱烈的氛圍，到了宣布新產品的關鍵時刻，場上的氣氛被推

向了高潮。當賈伯斯用充滿激情的語調來講述這款產品的優點和新特性時，對其予以毫不吝嗇的讚美，他用自己對新產品的自信和喜愛感染著在場的觀眾，與此同時，他身後的大銀幕上也隨之切換到相應的畫面，讓觀眾更為真實地感受到新產品的優勢。針對蘋果新產品上的相關 APP，賈伯斯身後的 PPT 還應聲顯現出相應的數據。為了全方面展示新產品十分輕薄的優點，他從一個信封中抽出了新產品，展示給在場的所有觀眾看。

賈伯斯這場演講的凸出特點是精煉的言辭和大張圖片，特別是後者，給觀眾的衝擊力是非常大的，再加上反覆的排練讓賈伯斯和身後大銀幕的演示圖相互配合得滴水不漏，所以他的演講為觀眾帶來的體驗是順暢而明朗的，能夠牢牢地吸引觀眾的注意力，從而讓這次溝通獲得成功。

當然，也有的人用 PPT 文件做商業演講的時候，讓場下的觀眾昏昏欲睡，完全聽不進去、看不下去。很多人過於依賴 PPT 文件，往往對著身後的 PPT 文件照本宣科，這樣既顯得刻板單調，又缺乏與觀眾的互動，溝通效果怎麼會好呢？

還有的人喜歡把 PPT 文件做得「別出心裁」，結果適得其反。雖然在 PPT 商務演講中是演講內容為主、PPT 演示為輔，但 PPT 文件的製作水準也不能太低，否則再好的內容也無法得以精彩呈現。例如風格過於跳躍、華麗炫目的 PPT 文

件，很容易產生一種喧賓奪主、非常混亂的感覺，讓人猜不到演講者想表達的內容，難免會讓觀眾對其中真正要表達的資訊產生興趣缺失。只有簡單大方、富有創意的 PPT 文件，才能夠為商務演講造成畫龍點睛的作用。

優劣論 —— 書面語言溝通與口頭語言溝通

溝通的本意為開溝以使兩水相通，後來用以泛指使兩方相通連，也指疏通彼此的意見。在一定的社會環境之下，我們可以藉助共同的語言、文字、影像或手勢等來傳達自己的觀點、思想、情感、期許等訊息，並接收他人所傳達的訊息，和自己的觀點進行融會貫通、求同存異。

可見，應用在職場中的溝通形式必然是各式各樣的，語言溝通是最為普遍的溝通形式，它包含了口頭語言溝通和書面語言溝通。書面語言溝通又有許多分支，比如工作任務分配、排程申請、報銷審批、工作週報、年終總結等等。

目前，有些職場菁英過於重視口頭語言溝通，文字表達能力較差，讓書面語言溝通成了自己的短板，不是提筆忘字，就是醞釀半天卻一行字都寫不出來，即便勉強寫出來了也是辭不達意，由此認為「能用幾句話就說明白的事情，何必費力地寫成規範的文書報告呢」，陷入了說得很多、寫得很少的惡性循環；與此同時，有些職場人士卻非常擅長書面語言溝通，一提筆便才思泉湧，但在口頭語言溝通上卻稍

顯弱勢，與人對話時羞於開口，常常語無倫次，導致直接溝通的失敗，由此認為「應該揚長避短地選擇適合自己的溝通方式，少說話多寫字」。

要知道，書面語言溝通和口頭語言溝通本應該是商務人士的左膀右臂，不存在孰優孰劣、適不適合自己的情況，必須兩手抓，不能「偏重」。書面語言溝通和口頭語言溝通各有其優劣之處，在不同的環境之下使用不同的溝通方式，收到的效果也不相同，靈活、恰當地加以運用才能保障溝通順暢。

在春秋戰國時期，有一個精通岐黃之術的神醫，名叫扁鵲。有一天，扁鵲來到蔡國，拜謁當時蔡國的國君蔡桓公。扁鵲見到蔡桓公之後，端詳了一陣，說道：「國君，我從你的面相上看，你應該是生病了，如果現在不盡快治療的話，恐怕會逐漸加重。」蔡桓公覺得自己吃得飽睡得香，身體滿好的，認為扁鵲這人是閒著沒事騙人，便笑著說：「我身體好好的怎麼會病呢？你不要再危言聳聽了。」扁鵲聽完一言不發地走了。

蔡桓公的臣子問道：「既然扁鵲說您病了，您為什麼不讓他幫您看看呢？」蔡桓公說道：「行醫者總是喜歡幫沒什麼病的人治病，裝模作樣診治一番之後再說病治好了，以便出去炫耀自己醫術高明。我才不給他這個機會。」

過了十多天之後，扁鵲再次來拜訪蔡桓公，又盯著蔡桓公的臉一陣端詳，看完之後說道：「國君，之前您的病氣尚在面色之間，如今病氣已經入了皮肉，再不趕緊治療的話，真的會加重啊！」蔡桓公見扁鵲還在卯足全力騙自己，便有些不高興地說道：「你說我病入皮肉，我卻覺得我身體好得很，你不必再多費唇舌了。」扁鵲聽完，行了禮之後退下了。

又過了十幾天，蔡桓公外出巡遊，在路上遠遠地看到了扁鵲，不料扁鵲卻跟見了貓的耗子一樣，一溜煙地跑沒影了。蔡桓公覺得挺奇怪的，便派使者前去詢問扁鵲為什麼一見到自己就趕忙逃跑，扁鵲說：「我說國君病了並非危言聳聽，病在面色上，只需要敷上幾帖藥便能藥到病除；病在皮肉之下，只要用針灸之法就能夠治好；病氣到了腸胃之間，服食些湯藥也能夠治癒；但如果病入骨髓，等於說命已經掌握在上天手中，敷藥、針灸這些方法都沒什麼作用了，大夫也束手無策。如今國君已經病入骨髓，我又救不了他，當然不能再謁見國君了。」

蔡桓公聽完使者的話還是不相信，就沒有把這件事放在心上。結果到了第五天，蔡桓公突然病發，全身疼痛不止，他這才明白扁鵲所說的話都是真的，連忙派人前去傳召扁鵲入宮治病。但扁鵲早就知道蔡桓公已經病入骨髓、無藥可

醫，所以幾天前就已經收拾行李逃往秦國。果然，過了沒多久，蔡桓公就因病而死。

〈扁鵲見蔡桓公〉這篇文章看似在勸告世人不可以盲目相信自己的判斷，不能夠諱疾忌醫，要防患於未然，對待自己的錯誤和缺點要像對待疾病一樣予以正視，虛心接受他人的正確意見，但實際上這也是一個溝通失敗的典型案例。雖然扁鵲再三強調蔡桓公的病情，但自負的蔡桓公根本不相信扁鵲的話，連基本的信任都沒有，又怎麼能夠實現有效溝通呢？而扁鵲所採取的溝通方式確實不夠明智，只在初次見面的時候就斬釘截鐵地告訴蔡桓公「你有病得治，不治可能會死」，自始至終沒有分析自己下這一結論的原因，蔡桓公自然會對扁鵲產生誤解。如果扁鵲不用口頭語言溝通的方式而是用書面語言溝通的方式逐條逐項地向蔡桓公說明前因後果，那麼蔡桓公接受建議和治療的可能性就會大大增加。

在中學生的國文教材中，有中國文學史上抒情文和議論文的代表作品〈陳情表〉、〈出師表〉，關於這兩篇文章，素來有著「讀諸葛亮〈出師表〉不流淚者不忠，讀李密〈陳情表〉不流淚者不孝」的說法。我們以溝通的思維來看這兩篇文章，會發現它們實在是古代職場中難得的商務文書。

〈陳情表〉是作者李密寫給晉武帝的一封奏章。李密原本是蜀漢後主劉禪的官員，司馬昭滅掉蜀漢政權之後，李密

成了亡國之臣，在家供養祖母。司馬昭的兒子司馬炎廢魏元帝登基，史稱晉武帝，時局動盪，晉武帝為了減少滅吳的阻力並籠絡民心，採取了懷柔政策，極力拉攏蜀漢舊臣，昭顯本朝胸懷寬廣。李密聞名於世，自然是晉武帝的拉攏對象之一。晉武帝先封李密為郎中，後又徵召李密為太子洗馬。

但李密心懷「一朝天子一朝臣」的忠君愛國思想，認為蜀漢之主劉禪是個「可以齊桓」的人物，而晉武帝的秉性如何他不太了解，畢竟伴君如伴虎，所以在多重顧慮之下，李密不願意赴詔任職。但公然違抗晉武帝的旨意是要殺頭的，怎麼辦呢？李密就寫出了一篇〈陳情表〉，在孝字上大做文章，將自己不願意赴職的原因條理清晰地羅列出來。先說明自己生來孤苦，父喪母嫁，和年邁的祖母相依為命，又將自己身受聖恩、難以回報的慚愧內疚之意表達得淋漓盡致，順帶還寫出了自己忠孝不能兩全的狼狽處境，將自己對祖母的孝心盡數傾瀉在筆下，充分說明了自己辭不赴職的緣由和苦衷，理智中不乏真情流露。

晉武帝看完李密的奏摺深為感動，盛讚李密的孝心，不僅體諒了李密不能赴任的苦衷，還派出兩名侍女前去侍奉李密的祖母，又令當地的縣長給李密祖孫二人供養膳食。

由此看來，李密的書面語言溝通是完全有效的，不僅達到了辭不就職的目的，還得到了晉武帝額外的賞賜。〈出師

表〉也是如此，諸葛亮用懇切的言辭對當時的局勢進行分析，勸說劉禪繼承父親劉備的遺志，做到開張聖聽、賞罰嚴明、親賢遠佞，最終來達到「興復漢室」的目的，通篇淋漓盡致地展現了諸葛亮忠君愛國、「鞠躬盡瘁死而後已」的精神，使得這樣率真質樸的書面語言溝通有了強大的感染力。

由此可見，書面語言溝通具有思路嚴密、邏輯性強、條理清晰的優點，能夠層層深入到複雜的問題之中，鞭辟入裡地指出重點，對複雜的問題能夠一次性說清楚。而且書面語言溝通本身還有著有形展示、長期儲存、可作為法律保護的依據等優點。在發表書面語言溝通之前，我們還能夠進行反覆修改以便達到充分表達個人觀點、思想、意願的目的。

但書面語言溝通也不是沒有缺點。由於書面語言溝通離不開遣詞造句和反覆思考，這需要我們花費大量的時間，閱讀長篇大論的文書也需要花費對方的大量時間，容易令對方失去讀下去的耐心，令溝通效果大打折扣；當我們的書面語言溝通傳達之後，通常無法及時地收到對方的回饋，更不能直觀地了解對方接收訊息後的感受，容易出現理解偏差，造成某些不必要的誤會。

口頭語言溝通與書面語言溝通相比則更為直接一點。有時候我們伏在桌子上寫寫改改，花費一個小時才能寫出的東西，口頭語言溝通只需要十幾分鐘的時間就能夠搞定；在口

頭語言溝通的過程中，我們可以更加直觀明瞭地知道溝通效果，在溝通內容出現偏差的時候能夠及時進行修正；口頭語言溝通也具有靈活多樣性，可以透過眼神、聲音和動作進行訊息傳遞效率的強化。

但優秀的口頭語言溝通也需要溝通者具備良好的語言組織能力和表達能力，並減少情緒的干擾和對方觀點的影響，以免被情緒所控制，口不擇言，造成無法避免的損失。此外，如果口頭溝通的時間太長，或溝通者拙於言詞，說話不夠言簡意賅，那麼他人的注意力也難以集中，直接影響溝通的效果。

所以，在處理某些較為複雜的事務時，我們往往需要口頭語言溝通和書面語言溝通相結合，以達到高效溝通的目的。

「白紙黑字」的雷區 —— E-mail 八大法則

如今，人們的溝通方式隨著科技的發展也發生了巨大的變化。在網路時代，E-mail 已經取代紙質信件成為人們進行訊息傳遞和資訊交流的載體。如今，無紙化辦公也逐漸成為一種流行趨勢，只要一封郵件能夠搞定的事情，人們往往不會再去做多餘的交流。一封小小的 E-mail，在職場中也是非常重要的，是職場達人為自己的業績錦上添花、無往不勝的利器。

那麼，怎麼才能寫出一封優秀的 E-mail 來實現高效溝通呢？以下八大法則是我們需要學習和注意的：

絕對不在稱呼上敷衍，敬語和禮貌用語必須有

古時候，人們寫書信都會使用敬語，在信件的開頭一般會按照收信對象的不同來使用不同的敬語：在寫給長輩的信中一般會用「尊前、尊右、前鑑、鈞鑑、侍右」等敬語，對於平輩則用「臺啟、大鑑、惠鑑、臺右」等。

中國文化講究的是婉轉含蓄，不會在第一行就開門見山地說出自己的目的，而是要寒暄一番，拉近距離。因此在書

171

信中也常常會用「久疏問候，多多見諒」、「久仰大名，時深景慕」、「久不通函，至以為念」等問候語。在信的結尾則會寫上「即問近好」、「敬祝健康」、「此致敬禮」等詞語。

現在的我們雖然不必生搬硬套古人的書信禮儀，但使用敬語對於我們塑造個人形象還是非常重要的。能用「您好」的時候，絕對不用「你好」兩字，因為前者顯得更為謙虛有禮。當然，如果是以上級的身分給下級或者以長輩的身分給小輩寫 E-mail 的時候，後者更為適宜。

在寫 E-mail 給客戶或者同事的時候，一定要稱呼收件人的職位，如果實在弄不清楚就直接稱呼先生或者女士，這樣會顯得更為禮貌。當然，在非正式的郵件中，我們可以用一些平時口頭交流時使用的稱呼，讓彼此的關係更為親切。

平時我們在和他人交流的時候會大量用到「請」、「謝謝」、「麻煩您了」這些禮貌用語，有的人覺得在 E-mail 中用這些詞語會顯得太客套，讓彼此的關係變得生分和疏離，如果讚美他人會讓人覺得有拍馬屁的嫌疑。

其實不然，有一句俗語叫「伸手不打笑臉人」，在使用禮貌用語和他人溝通的時候，不僅能夠顯示出自身的禮儀和態度，也能夠讓他人產生被尊重、被肯定的感覺。這個道理用在 E-mail 中仍然適用，任何時候，彬彬有禮的態度和恰如其分的讚美都能夠讓我們的人際關係和職場溝通建立得更為順暢。

行文流暢，層次分明，重點凸出

有些人寫郵件的時候，習慣想到哪裡寫到哪裡，有種天馬行空的散漫感，這在職場上是非常不恰當的。如果我們把郵件寫成散文，那麼不僅會讓人看不出一封郵件的主旨，還會讓人留下一個廢話連篇的印象，讓他人質疑我們的工作能力。

商務郵件首先要有一個簡潔明朗的標題來反映出郵件內容，造成畫龍點睛的作用；其次郵件內容需要嚴肅、謹慎、條理清晰和邏輯分明，要讓人一眼就看出這番溝通的目的所在，讓收件人跟著我們的思維框架走下去；最後寫完郵件的時候，還需要審查一遍，改掉錯別字和語句不通順的地方，讓郵件的品質顯得更高。最重要的一點是，在一封郵件裡只處理一件事，這樣不容易混亂，而且能夠幫助我們在總結工作的時候提供有力的索引。

簡潔有力的結束語

很多人在一封郵件寫到結尾、畫上最後一個句號的時候，會覺得少寫了點什麼似的，總要回去修改，把自己認為的重點拎出來再說一遍，這樣一來往往令郵件的結尾拖沓冗長，讓人閱讀起來有繁雜累贅之感。所以在一封郵件寫到結尾的時候，應該力求結束語簡潔有力。如果我們覺得意猶未盡，就乾脆再把郵件從頭到尾看一遍，對不恰當的地方進行修改，這樣才能夠有效地避免結尾拖沓。

署名的問題尤為重要

許多人認為每個人的 E-mail 帳號都不一樣,當我們發郵件給他人的時候,別人不可能認不出來,但實際上每個人一天要處理的郵件非常多,有時候收件人確實要為很多郵件正文裡沒有署名的 E-mail 花費大量的時間和精力,這不僅加重他人的工作負擔,也會導致我們不能夠及時地收到對方的回覆,耽誤雙方的時間。所以署名是一個非常關鍵的細節,掌握了這個細節會讓我們的職業生涯更為順利。

感謝對方的配合

有些人在用郵件處理公務的時候,常常只管要到自己想要的回覆,而忽略向對方致謝,這種顧頭不顧尾的行為容易讓人產生被過河拆橋的感覺。所以,當我們用 E-mail 達到自己的目的時向曾經幫助過我們的人致謝是非常重要的,這不僅能夠展現出個人修養,還對我們將來的發展有著巨大的幫助。

特殊人物,特殊對待

我們在平時的溝通中對待上司和同事的態度及方式是不一樣的,用 E-mail 溝通時也要因人而異。平時和同事討論的工作內容沒有必要都發給上司看,而且上司也未必有時間看下屬的所有郵件,所以我們在發郵件給上司的時候,態度一定要慎之又慎,注明自己發郵件的目的,比如某件事需要老闆拿主意,以引起上司的注意。

不在醉酒或盛怒之下打開信箱

在職場上我們往往需要應酬，飯局中除了美味佳餚之外，最常見的就是酒。餐桌上的觥籌交錯、你來我往是必不可少的，再不會喝酒的人也免不了要小酌兩杯。我們都知道酒這種東西有麻痺神經的作用，當我們的思維被酒精麻痺、不再受理性的控制時，難免會做出一些出人意料的舉動。雖然生活中我們經常會說「酒壯慫人膽」和「酒後吐真言」這樣的話，但實際上酒後失言的情況不在少數。

盛怒的時候也是如此，人們在生氣的時候往往口不擇言，不管什麼難聽的話都敢往外說，這是我們發自本能的一種自我保護機制 —— 透過言語傷害他人、達到自我保護的目的。然而一旦怒火平息、理智回來之後，我們往往會對曾經的口無遮攔追悔莫及，但此時傷害已經造成，我們彌補起來要浪費大量的時間和精力，未免得不償失。

E-mail 一個典型的特點就是「白紙黑字」、證據鮮明，而一旦我們的情緒透過 E-mail 傳遞給同事，等到酒醒了、情緒下去了，就算後悔都來不及了。所以醉酒和盛怒的狀態之下，不要處理郵件，甚至不要處理公事或者做決斷，這才是非常明智的選擇。

不在商務 E-mail 中提到私事、不說玩笑話

網路是一個開放的空間，我們幾乎每天都能夠感受到資

175

料開放和共享帶來的便捷之處，但開放也意味著資料洩漏，這種案例比比皆是。

在商務 E-mail 中，我們應該盡量避免談及個人隱私、私人恩怨或他人的八卦。畢竟 E-mail 能夠留下難以消除的證據，私人恩怨我們完全可以和他人當面解決，至於八卦，和平時與我們關係好的同事口頭上說一說就可以了。在職場上做到公私分明，才能夠避免很多風險。

很多人平時喜歡開玩笑，把自己的幽默細胞也用在 E-mail 裡，但有時候我們口頭溝通開出的玩笑，如果化成文字，意義就非常不同了，可能會帶有強烈的嘲笑、譏諷意味，容易傷害到他人。所以我們在用 E-mail 溝通的時候尤其要注意這一點，在工作場合中，玩笑還是少開為妙。

米格－ 25 效應 —— 跨部門溝通方法

　　任何一個整體都是由一個個的個體構成的，一家企業中也有著很多個部門，大家通力合作，企業才能夠得到長遠發展。合作的前提就是溝通，這裡我們就不得不說起米格－ 25 效應。

　　前蘇聯曾研製生產過一種噴氣式戰鬥機 —— 米格－ 25。這架戰鬥機時速為 2.8 馬赫，在當時是世界上最快的戰鬥機。

　　1976 年，一架塗有紅星軍徽的灰色飛機在日本的北海道函館機場 330 公尺高空處盤旋，並飛到跑道上強行降落，在衝出跑道末端並撞倒兩排雷達天線後才停了下來。日本的自衛隊防空控制中心亂成一團，但很快便查明了這個飛行員的身分，原來是蘇軍飛行員維克多‧別連科（Виктор Иванович Беленко）駕駛著一架米格－ 25 叛逃到了日本。

　　但是這件事情的主角並非是維克多‧別連科，而是他所駕駛的米格－ 25。這架噴氣式戰鬥機效能之優越不僅令其受到了世界各國的青睞，也造成了西方世界的巨大恐慌。美日

兩國連忙趕赴現場開始對這夢寐以求的寶物進行檢測。隨後幾天內，這架米格—25被拆得支離破碎。

美日兩國的飛機製造專家聯合檢查後驚奇地發現米格—25並不是他們之前設想的那種全能先進的戰鬥機，相比美國的戰鬥機來說，米格—25戰鬥機中所使用的零件要落後很多，但這些零件拼合在一起之後，它的戰鬥效能遠超了同時期的美國和其他許多國家生產的戰鬥機。這是什麼緣故呢？原來，米格—25戰鬥機的設計者在設計時從整體效能考慮，對每一個零件進行了更為協調的組合設計，這樣一來，米格—25戰鬥機的整體效能反超美國戰鬥機，成為世界一流的戰鬥機。

從這以後，因為組合協調而產生的超出預期的效果，被人們稱為「米格—25效應」。事物內部的結構合理與否，對於整體功能的發揮有著極大的影響。如果事物內部結構不合理，那麼即便個體效能再優秀也很難令整體功能的優勢發揮到最強狀態，也就是說整體功能小於組成部分相加之和；如果事物內部結構合理，那麼則會產生 $1+1>2$ 的效果，即整體功能大於部分功能之和。

這相當於一句諺語 —— 「三個臭皮匠，勝過諸葛亮」。當整體內部分工明確、優勢互補、目標一致的時候，往往能夠讓整體的力量更為強大。但反過來，如果明明有三個諸葛亮，但實際產生的效果還比不上一個諸葛亮，多半是因為每

個人都認為自己是正確的一方，其他人都應該聽自己的，誰也說服不了誰，這種情況下難免各行其是，每個人的優勢都受到牽制、難以施展。

米格－ 25 效應在古代也曾出現過，最為出名的便是田忌賽馬的故事。

齊國的大將田忌非常喜歡賽馬，經常和齊國的眾位公子賽馬，並設上賭局，以重金做賭注。有一次，齊威王約田忌賽馬，馬分為上等、中等、下等三種，每次田忌和齊威王比賽的時候，田忌總是用自己的上馬去和齊威王的上馬比拚，中馬應對中馬，下馬應對下馬。齊威王畢竟是一國之君，他的馬比田忌的馬要優秀得多，所以每次比賽齊威王都能輕鬆地勝過田忌。

一連幾次的失敗，讓田忌非常沮喪。比賽還沒有結束，田忌就垂頭喪氣地躲在一邊。這時，田忌的朋友孫臏說：「我剛才仔細看了你們賽馬的過程，齊威王的馬和你的馬腳力差不多呀！」田忌氣得直瞪他：「虧你還是我的朋友呢，別人取笑我就算了，你也來看我的笑話。」孫臏笑著說：「我不是來看你笑話的，你可以再跟齊威王比上一局，我有辦法讓你贏。」田忌將信將疑地問道：「你說的辦法難道是換一匹更好的馬？」孫臏擺手道：「不用換，你的馬就很好了。」田忌頓時沒了信心：「你不是都看到了嗎，這都比了多少次

了，一次都沒贏過，再比一局不還是要輸嗎？」孫臏說：
「你別不信我，聽我的安排，我一定能讓你贏。」

田忌看孫臏不像是開玩笑的樣子，便和他一起走到齊威
王面前。齊威王一連勝了好幾局，正在跟人炫耀自己的戰
績，看到田忌走過來，便盛氣凌人地嘲諷道：「怎麼，你這
手下敗將難道還不服氣嗎？」田忌說道：「我當然服氣，孫
臏幫我出了個主意，說能贏你，我們再比一局，這次我一定
能勝你。」說完，田忌把口袋裡所有的錢都拿出來放到了賭
桌上。齊威王一看，忍不住笑了，吩咐身邊的侍從把之前贏
的錢全部拿上賭桌，又另外加了一千兩黃金做賭注，說道：
「那我們就再比一局，你這回可得願賭服輸啊！」

第一場比賽正式開始，孫臏讓田忌拿自己的下等馬去和
齊威王的上等馬比賽，結果不出所料，第一局田忌輸給了齊威
王。齊威王笑著說：「我還以為名滿天下的孫先生能出什麼樣
的妙計呢？想不到居然這麼拙劣，看來世人讚美孫先生的話有
些言過其實了。」孫臏笑了笑，不理會齊威王的諷刺。

第二場比賽的時候，孫臏讓田忌用自己的上等馬去對抗
齊威王的中等馬，結果還真讓田忌贏了一局，齊威王頓時亂
了方寸。到了第三場比賽的時候，孫臏用田忌的中等馬和齊
威王的下等馬比，又輕而易舉地贏得了一局。三局兩勝，田
忌果然贏了齊威王。在齊威王驚訝的目光下，田忌心滿意足

地拿走了賭金。

　　同樣還是那三匹算不上最優秀的馬，在經過孫臏的整合之後，整體上發揮的功效卻遠遠超過了齊威王手下每匹優秀的馬，從而轉敗為勝，這就是「米格－ 25 效應」所產生的作用。如果用一個成語來形容「米格－ 25 效應」，那麼「集思廣益」這個成語再適合不過了。每個個體再怎麼優秀，它能發揮的作用都是非常有限的，但當很多個體經過一番結構調整和資源整合之後，所發揮的效用有時會大於個體之和。

　　米格－ 25 效應在職場中的應用也是非常有價值的。因為相比部門內部溝通來說，企業中的跨部門溝通難度要大得多。一方面因為不同的部門權力關係不同，而且部門內溝通多為上下級關係，存在著權力的影響，但跨部門溝通少了權力的束縛，加深了溝通的難度，而且在很多公司中，即便是和同事相處，彼此間的友誼深厚程度也有所差別。另一方面，隔行如隔山，雖然同在一家企業工作，但各個部門的工作內容是不同的，就像設計部不懂業務部的工作流程，業務部也不了解設計部、策劃部、財務部等的工作流程，加上各個部門業績目標不同，所以溝通的難度遠遠超過部門內部溝通。

　　那麼，如何實現跨部門溝通、讓個體組合在一起發揮最大的效用呢？一般來說，跨部門溝通的步驟及注意事項有以下五個：

溝通前的準備工作

　　溝通前我們要對其他部門做出基本了解，比如該部門的工作內容、工作時間、換崗方式等。除此之外，我們還要明白此番溝通的目的、預測可能會發生的情況，比如我們想要對方幫我們做什麼？對方會提出什麼樣的要求？如果對方拒絕的話，有沒有別的方案可供參考？如果雙方沒有達成共識，那麼結果會對溝通雙方造成什麼樣的損失？想明白了這些問題再去進行跨部門溝通，那麼在溝通的過程中就能夠做到隨機應變、遊刃有餘。

了解其他部門的語言

　　每個部門都有自己適用的規則和該部門慣用的術語。了解了他們的行話，就能夠真正聽懂對方想表達的內容。在這個基礎上進行換位思考，尋求雙贏的方法，才能夠讓跨部門溝通更為順暢。

以資源的共享取得同事的信任

　　合作是建立在信任的基礎上的，當我們想要達成某個目標的時候，不妨坦誠地將自己所掌握的數據、相關的想法和意見說出來，實現資源共享，這樣能夠快速地建立信任關係，提高對方的合作意願。

　　求同存異，尋找共同的目標

　　由於各個部門的立場不同、工作職能不同，難免會有不

同的意見產生，我們要做的不是在無謂的問題上進行爭執、說服對方，而是尋找共同的目標，並朝著這個目標努力前進。就像前往同一個目的地一樣，你覺得坐車方便，別人覺得步行更適合自己，兩者之間的差別只是在行動方式上，盡力做到求同存異，就可以實現殊途同歸的雙贏。

多個方案，避免思維僵化

當我們進行跨部門溝通的時候，不應該只拿出一種方案，因為對方給出的無非兩種結果，接受或是拒絕。一旦對方拒絕，而我們又無法拿出新的方案，不僅會傷害到彼此的感情，還會影響到溝通效果。舉例來說，餐廳常常會推銷啤酒給顧客，當服務生問「先生，請問您要不要啤酒」的時候，他能得到的回答無非是「要」和「不要」這兩個，一旦顧客說出「不要」，那麼就可以視作溝通失敗。

所以在溝通時，多提出幾種方案、給對方多項選擇，其中至少包括一種對方不太容易拒絕的方案，既能夠讓對方看出我們合作的誠意，又能夠給他人較大的選擇空間，還能降低人際交往中的衝突，這會讓跨部門溝通的成功機率更高。就像是推銷啤酒的服務生換個溝通方案，改問「先生，請問您來幾瓶啤酒」之後，往往能夠得到較好的回饋 —— 客人會礙於面子，至少點一瓶啤酒。

Part5

日常情感溝通 —— 抒胸臆各有法門

　　真誠的溝通和貼心的服務無疑是東方飯店生意興隆的祕訣。不僅在企業管理和服務顧客上需要用心交流，生活中，我們也更需要這種貼心的問候和溝通。

情感溝通 ── 用心而不是用情緒去交流

在日常生活中，有些人善於溝通、理智冷靜，透過溝通了解他人的想法和情緒，從而能夠找到解決問題的有效途徑，密切自己與他人的人際關係。有些人不會溝通，掌握不了溝通的要領，不僅會因為情緒失控而導致溝通失敗，達不到最初的目的，還容易加深彼此的誤會，將人際關係弄得一團糟。

春秋時期，孔子帶領著他的弟子周遊列國，一路上帶著這麼多人，身處荒郊野外之時，難免要以天為被，以地為席，風餐露宿，忍飢挨餓。

當孔子一行人走到了一個小國時，一個個弟子都餓得兩眼昏花，恰好遇到一戶好心人給了他們一點米。眾人一看有米吃了，都非常高興，孔子的弟子顏回自告奮勇提出讓眾人稍作休息，由他來為大家蒸米飯。

大火蒸出來的米飯將熟未熟之際的香味十分濃郁，引得人垂涎欲滴。孔子被米飯散發出來的香味引得醒了過來，他順著濃濃的飯香味尋到了廚房，剛到廚房門口，就看到顏回

掀起了鍋蓋，仔細地盯著鍋裡的米飯看了一陣，似乎是在猶豫。孔子正要開口問他，忽然看見顏回伸手從鍋裡抓出一團米飯塞進了嘴裡。

看見這一幕的孔子非常震驚和憤怒，顏回在他的弟子之中是最小的一個，也是德行最高的一個，還是孔子最為喜愛的一個弟子，但如今這個悉心教育出來的弟子卻做出偷吃這種有辱斯文的行徑，平時教他的道理都學到哪裡去了？孔子雖然生了一肚子氣，但畢竟自己飽讀聖賢書，修養良好，因此不予發作，只是轉身離開廚房，回到了屋子裡。

不一會，顏回煮好了飯，拿碗盛了滿滿一碗香噴噴的白米飯，雙手捧著給孔子送了過來。孔子此時怒氣仍然沒有消除，但他不願意指出顏回偷吃的事實，希望顏回能夠自己承認偷吃的錯誤，就說道：「我方才做夢的時候，夢到了我的祖先，想必冥冥之中必有祖先庇佑，我們就先用這米飯祭拜過祖先再吃吧。」顏回連忙擺手說：「這可不行。剛在在煮米飯的時候，房梁上有土灰掉進了鍋裡，把飯給弄髒了。我想要是把那團飯扔了吧，也挺可惜的，畢竟是我們好不容易才弄來的米，但是讓別人吃我又覺得不適合，就乾脆把那塊被土灰弄髒的飯糰抓起來，塞進了嘴裡。這米飯我已經吃過了，拿它去祭拜祖先未免太不恭敬了。」

孔子聽完前因後果，知道是自己誤會了顏回。孔子感慨

道：「所信者目也，而目猶不可信；所恃者心也，而心猶不足恃。弟子記之，知人固不易矣。」

　　孔子這段話的意思是：有時候人親眼所見的事情也有可能不盡不實，造成極大的誤解，認識一個人是非常不容易的事情。的確如此，我們常說：「畫虎畫皮難畫骨，知人知面不知心。」認識一個人本就需要漫長的相處和不斷的溝通，若是帶著自己不理智的情緒去相處和溝通，又如何能正確地了解這個人呢，再漫長的相處和再頻繁的溝通在這種前提下都會變成無用功。

　　每個人生活中都有不如意的階段，在遭遇挫折的時候，我們難免會心情憂鬱憤懣，難以抒懷，在這個時候與他人溝通，也容易帶著不愉快的情緒，這對溝通來說是非常不利的，常常容易引發誤會和爭端。這樣的事例並不少見，有時候夫妻吵架，就是因為一方在外邊工作不順心，將憤怒、憂鬱等情緒帶回了家裡，當配偶和孩子笑臉相迎的時候，卻遭到了遷怒，以至於家庭矛盾爆發，夫妻間的感情遭到破壞。

　　一位婦人性格暴躁，常常因為一點雞毛蒜皮的小事大動肝火，吵得家裡雞飛狗跳、不得安寧。這個婦人也知道自己這樣的脾氣不好，便來到附近一座香火旺盛的寺廟參禪禮佛，希望寺廟裡的高僧能為她指點迷津。來到寺廟中，婦人向廟裡的住持講述了自己的煩惱。住持領著這名婦人來到香

客居住的後院禪房，請這位婦人進去，婦人不明緣由，卻還是選擇相信禪師。誰知道，婦人剛一進去，住持就在外邊把門關上，並用一把鎖鎖得嚴實。

婦人聽到落鎖的聲音頓時慌了神，連忙喊住持幫她開門。住持卻毫不理會她的請求，站在院子中念起了經文，婦人見狀氣得破口大罵，但不管這個婦人怎麼大吵大嚷，住持始終無動於衷。罵的時間長了，婦人也累了，口乾舌燥的她開始哀求住持，求住持放她出去。住持仍舊不予理會，婦人實在累得說不出話，見住持不理會自己，也覺得沒什麼意思，便不再說話。

住持聽到禪房裡沒了動靜，走到門前問道：「妳現在還生我的氣嗎？」婦人聽完沒好氣地說：「我生妳的氣做什麼？我只氣我自己，為什麼要費盡千辛萬苦跑到山上來受這份罪。」住持聞言說道：「妳連妳自己都沒有原諒，什麼時候能夠做到心如止水呢？」說完住持也不等婦人回答，直接離開了。

過了一會，住持回到門前問道：「妳現在還生自己的氣嗎？」婦人悻悻道：「不生氣了。」住持問：「為什麼不生氣了？」婦人說：「我生氣又有什麼用？你又不會放我出去。」住持說：「妳現在並不是不生氣，而是把所有的怨氣都壓在了心底，這些怨氣遲早還會全部爆發出來的，到時候只會更

嚴重。」說完住持又離開了。

又過了一會，住持再次走上前，婦人主動說道：「大師，放我出去吧，我已經不生氣了。」住持有些驚奇地問：「噢？為什麼呀？」婦人說道：「因為這根本不值得我生氣啊。」住持笑道：「妳還知道衡量值得不值得的問題，可見心裡還是有氣，只不過是妳自欺欺人罷了。」說完住持走出了院子。

當他端著一盞清茶再次來到這間禪房的時候，已經是日影西斜了。住持照舊問她：「妳還生氣嗎？」婦人笑著反問道：「大師，什麼是氣？」住持聞言想了想，開啟房門，將手中的茶水倒在了地上。婦人見狀頓時有所感悟，躬身一拜後，轉身離開了寺廟。

透過這個故事可以得出一個道理：很多時候我們要學會自我調節，將自己的情緒調至正常狀態，然後再心平氣和地與他人進行交流，這樣才能夠為彼此的溝通打下良好的基礎。在溝通的時候，我們尤其要注意的是用心去和他人溝通。

堪稱亞洲之最的泰國東方酒店是世界上較為知名的一家飯店，這家飯店的生意非常熱門，不管是旅遊旺季還是旅遊淡季，幾乎每天都是客滿狀態。如果想要入住這家飯店，必須要提前一個月進行預訂，否則很難入住。泰國並不能算作

先進國家，但飯店入住的客人基本上都是來自於西方先進國家。這是什麼緣故呢？就是因為他們真誠用心的服務。

據入住過這家飯店的張先生所說，他第一次住進這家飯店時，優美的環境就讓他留下了深刻的印象，而飯店的貼心服務更讓他覺得賓至如歸。

有一次，張先生拿著房卡走出房門準備去餐廳吃飯的時候，他所住樓層的服務員立刻親切而恭敬地問候他道：「張先生是要去餐廳用早餐嗎？」張先生覺得奇怪，自己沒有將姓名告訴過對方，對方是如何得知的呢？張先生說出了自己的疑惑，服務生笑著回答道：「我們飯店的規定就是要牢牢記住每一個客人的名字，並問候每一個見到的客人。」這個回答令張先生感到震驚。由於工作的原因，張先生入住過很多飯店，但是從來沒有一家飯店這麼貼心，何況一個飯店一天要入住的客人非常多，熟記客人的姓名和面容也是一件非常不容易的事情，飯店的這個規定讓他不由得心頭一暖。

告別服務生之後，張先生乘電梯前往餐廳，剛出電梯，餐廳的服務員就上前迎接道：「張先生，裡面請。」張先生疑惑地問道：「你又沒有看到我的房卡，你怎麼知道我的姓名呢？」服務生笑著解釋道：「因為您剛才下樓的時候，樓上的服務生已經打電話通知過我了，所以我才能及時地迎接您。」

　　這樣一對一的服務，讓張先生深受感動，服務生接著問道：「張先生，您還坐老位子嗎？」張先生驚異地看了服務生一眼，他想起自己上一次來這裡入住的情形，可那已經是一年前的事情了，難道這個服務員的記憶力真有這麼強嗎？服務生主動解釋道：「因為您之前入住過我們飯店，飯店的電腦裡有相關的紀錄，上面明確顯示了您在靠窗的位置上用過餐，而且電腦上明確顯示了您上一次吃的早餐是什麼。那麼您還是坐老位子嗎？」張先生聽完非常高興，飯店細緻入微的服務出乎他的預料，於是他點點頭說：「還是老位子。」服務生接著問：「那麼您的早餐是否要和上一次的相同？」張先生說：「我還要去年吃的那份早餐。」顯然，他十分滿意於飯店的服務。

　　後來張先生因為工作調動，沒有再到泰國出過差，自然也沒有再入住過這家飯店。但後來過生日的時候，張先生收到了一張生日賀卡，來自於他之前入住過的飯店。賀卡中夾了一封信，信上寫道：「親愛的張先生，首先祝福您生日快樂。一轉眼離我們上次分別已經過了三年的時間，這三年來，我們飯店全體人員都非常想念您，深切希望能夠再次見到您。」張先生看完這封情深義重的信深受感動，決定下次如果有機會出差到泰國的話，絕對要再次入住這家飯店，他不但要自己入住，還要向自己的朋友大力推薦這家飯店。

真誠的溝通和貼心的服務無疑是東方飯店生意興隆的祕訣。不僅在企業管理和服務顧客上需要用心交流，生活中，我們也更需要這種貼心的問候和溝通。

人與人相處時離不開溝通，人們的情感需求也只有在和他人溝通、交流的過程中才能夠得以滿足。很多人失戀之後，就需要和朋友在一起，哪怕朋友不會說太多安慰的話，僅僅是貼心地提供一個懷抱和一雙傾聽的耳朵，對失戀的人來說就已經足夠了。平時我們也有各式各樣的煩惱等待傾訴和解決，所以我們需要三不五時地與朋友聚聚，哪怕什麼都不做，聊聊彼此的近況，發自內心地去關心一下對方的工作和生活，也是有利於我們的情緒管理、身心健康和友誼加深的。只有拿出愛心、耐心和誠心去幫助他人，人和人之間才能夠實現真正意義上的心靈溝通，滿足彼此的情感需求，讓生活的品質得到有效的提升。

爭來理、輸掉情 —— 不要與家人講理

　　很多新娘在出嫁前，父母都會殷殷叮囑：「嫁過去之後不要那麼爭強好勝，家不是講理的地方，要講情，這樣兩個人遇著磕磕碰碰時，也能夠相互扶持走下去。」仔細一想，這和我們平時接受的教育是不一樣的，我們常常聽人說這樣一句話：「有理走遍天下，無理寸步難行。」怎麼到了家裡，講理這一招就說不通了呢？因為家是一個特殊的地方，它能夠成為我們避風的港灣，也能成為一個你爭我鬥的戰場，它容得下生活愛好和習慣相互契合的夫妻，也容得下性格迥異、興趣截然不同的戀人。它能夠給我們最甜蜜溫馨的感覺，也能夠讓我們嘗盡生活的酸甜苦辣，所以家不能夠以常理度之。

　　俗語說「清官難斷家務事」。這句話流傳了很久，可考證的出處是源自於明朝文學家馮夢龍的《喻世明言》，意為：即便再公正廉明的官吏也難以決斷繁瑣複雜的家庭瑣事。「清官難斷家務事」這句話背後還有一個有趣的故事。

　　相傳在宋朝時期，有一位名叫趙秉公的縣令。人如其

名，他是個清正廉明、斷案公正的好官，在當地深受百姓的景仰。

有一次，趙秉公的好朋友前往縣衙拜訪他，這位朋友說：「我聽說你斷案十分公正，尤其擅長裁奪刑律命案，我這裡有個民事糾紛的案子，想了很久都不知道該怎麼決斷，不知道你能不能明斷是非。」趙秉公一聽也來了興趣，說道：「民事糾紛不都是一些雞毛蒜皮的小事嗎？這有什麼難的，你說來我聽聽。」

這位朋友放下茶盅，說道：「我們村有一個姓張的老漢，這個老漢的妻子早逝，給張老漢留下了兩個兒子。張老漢是個能吃苦的人，省吃儉用，把兩個兒子拉扯大，兩個兒子像他爹，也是吃苦耐勞的莊稼漢，兄弟同心倒是把日子過得很好。家裡有錢了之後，張老漢找來媒婆張羅為兩個兒子各娶了一房媳婦。這兩房媳婦也爭氣，爭先恐後地給張家添丁進口，但有一點不好，就是妯娌間老是鬧矛盾，雞毛蒜皮的小事都能掰扯大半天，每天吵來吵去，鬧得張老漢沒有半點清靜。眼看是過不下去了，張老漢提出了分家。張老漢這輩子置了兩處宅院，田地加在一塊一共二十畝，要是分家這可怎麼分呢？」

趙秉公聽完笑笑說：「這有什麼難的，張老漢不是有兩處宅邸嗎？兩個兒子一人一處，至於田地，每人十畝不就

行了嘛，兩個兒子不多不少，這樣分再公平不過了。」朋友說：「還有一個先決條件我沒跟你說，就是張老漢的兩個兒子雖然都給張家添丁進口了，但老大媳婦爭氣，接連給張老漢生了三個孫子，這三個孫子眼見到都長大成人、要娶媳婦了，老二家裡只有一個沒有成年的兒子。按照你的分法，對於大兒子的三個孩子豈不是很不公平？」

趙秉公覺得朋友說的也很有道理，又思考了一下，說道：「這也不難分，既然都是張老漢的孫子，那把兩處宅邸分給兩個兒子，二十畝地平均分給四個孫子不就好了，一個孫子手裡分到五畝地，也算是張老漢對孫子們盡心了。」朋友皺了皺眉說：「可是你這麼一分，張老漢的兒子孫子是都分到東西了，但張老漢怎麼辦呢？他奮鬥了一生，這麼一分，豈不是一無所有了？讓他一個孤寡老人如何謀生呢？按照你第一種分法，張老漢還能夠讓兩個兒子輪流供養，現在連孫子也算上了，這樣一來供養老爺子都成了一個難題，還免不了讓張家子孫落一個不孝的名聲。這實在不妥當。」

趙秉公說道：「那既然這樣為什麼還要分家呢？四世同堂兒孫繞膝多好呀！將來孫子成親之後，張老漢就能來個五世同堂了。一家人其樂融融不也挺好的！」朋友說道：「你先別下定論，這件事還有後續發展。張老漢的二兒子身體一向不太健康，沒過多久，竟然因為生病去世了，只剩下老二

媳婦獨自一人提拔孩子長大，日子過得很是清苦。老二媳婦想趁著年輕的時候再尋一門親事，但是張老漢認為家裡並沒有虧待老二媳婦，孩子也還沒有成年，所以不願意讓老二媳婦再嫁。你說這老二媳婦到底能不能再嫁呢？」

趙秉公說：「按理說，女子講究三從四德，所謂三從正是在家從父，出嫁從夫，夫死從子。既然她有兒子，那就不應該再嫁給別人了。」朋友笑著問道：「按你這麼說，這個農婦就不能夠改嫁了？」趙秉公點點頭表示同意，朋友反問道：「那為什麼當朝的公主嫁了人，駙馬死了，就算生下了孩子，也能夠再嫁？到了一個農婦身上卻不容她改嫁？這算哪門子的公正呢？再說我之前跟你說的，你接連斷出三個結果，哪一個是真正公正可取的，你自己可想得明白？」

趙秉公被他問得啞口無言，朋友打趣道：「我還道你是有口皆碑的清官，斷案公正無私，怎麼到了家庭瑣事上反而不行了呢？可見清官也難斷家務事啊！」趙秉公也苦笑著附和了兩句。「清官難斷家務事」的俗語就此流傳開來。

維繫家庭的兩個重要因素，一個是婚姻關係，另外一個則是血緣關係。一個是以愛情為基礎的，一個是以親情為基礎的，它們決定了家是一個講愛講情重於講理的地方。這一方面導致了「清官難斷家務事」的客觀存在，因為一個家庭的建立必然經歷了無數的辛酸苦楚，中間摻雜著怎樣的愛恨

糾葛不足為外人道，即便和盤托出也是外人所不能夠輕易理解的；另一方面也導致了在家庭中純粹地透過講道理來與別人溝通是不行的，因為拋開感情妄談「道理」是對感情的全盤否認，而且在解決家庭矛盾的時候，我們是很難全然摒棄感情因素的。

在愛情喜劇《河東獅吼》中，張柏芝扮演的柳月娥曾經對陳季常說過這樣一段經典的臺詞：「從現在開始，你只許對我一個人好；要寵我，不能騙我；答應我的每一件事情，你都要做到；對我講的每一句話都要是真心。不許騙我、罵我，要關心我；別人欺負我時，你要在第一時間出來幫我；我開心時，你要陪我開心；我不開心時，你要哄我開心；永遠都要覺得我是最漂亮的；夢裡你也要見到我；在你心裡只有我！」這樣的要求可謂霸道十足，半點理都不講，但是在戀愛中，很多人卻將這段話奉若愛情聖經，如柳月娥要求陳季常一般要求自己的戀人。面對這樣的愛情、如此的愛人，你時時處處都與她講道理，她會好好聽嗎？當她想讓你用真情實意與之溝通的時候，你卻擺出一條條冷冰冰的大道理來表達自己的意見和需求，反而不利於解決問題。

某節目曾經請來了一位詞壇泰斗和他的夫人。兩個人相知多年，感情十分深厚。主持人向夫婦取經，問如何才能夠像他們這樣與配偶白頭偕老。先生非常幽默，他說：「不過

一個『忍』字罷了。」他的夫人聽完不甘示弱地說道：「我的祕訣是一忍再忍。」兩個人的幽默詼諧如出一轍。但不得不說，他們的幽默背後說出了真理，和家庭成員相處溝通的時候，就是需要忍。正所謂退一步海闊天空，在發生矛盾、產生分歧的時候，雙方各退一步，相互妥協，冷靜地解決問題才能夠讓家庭關係得以穩固。網路上熱心網友也無私地分享了自己的經驗，要想討老婆開心，無非兩條，第一條是「老婆說什麼都是對的」，第二條是「如果老婆錯了，請參照第一條」。

　　若是與家人溝通時不懂得忍讓、留情，不懂得要適當地「不講理」，會有什麼樣的結果呢？當我們和家人開始算帳的時候，就已經嚴重傷害到家人的感情了。當家庭成員因為一點雞毛蒜皮的小事爭得不可開交時，小矛盾只會越鬧越大，因為雙方所處的立場不同，考慮事情的角度不同，心裡的顧慮也各不相同，難免公說公有理，婆說婆有理。在這種情況下，如果我們一味地講道理，試圖用自己的道理去說服對方，如此針鋒相對的據理力爭無異於互相傷害，只會令雙方的心裡蒙上一層沉重的陰影，這樣即便最後有一方爭來了所謂的理，也會傷害到家庭成員之間的感情，甚至會導致家庭矛盾惡化、破壞家庭關係，使原本親密無間的家人分道揚鑣。

　　所以在解決家庭矛盾的時候，我們尤其需要注意這一點，千萬不要把道理看得比情意還重。有道是「水至清則無魚，人至察則無徒」。在一起生活難免會有磕磕碰碰，我們大可不必將事情的是非曲直弄個清楚明白。更多的時候我們需要正視家庭的情感功能，以一個寬容大度的心態去對待家庭中的矛盾，只有雙方相互包容、相互妥協，在心平氣和的情況下進行溝通，才能夠從根本上解決矛盾，將家庭關係經營得更加牢固，讓生活變得更加美好。

　　但這裡所說的「家庭不是一個講道理的地方」並不等於「家庭是一個不講理的地方」，更不能將其與「在家庭中可以蠻不講理或在家庭中可以無理偏要攪三分」之間畫等號。國有國法，家有家規，無規矩不成圓。即便在講道理無法有效解決問題的家庭環境中，也要有相應的規矩去約束家庭成員的行為，用相應的溝通方式在情和理之間找到平衡點。

　　常見的家庭錯誤溝通模式無非是以下幾種：在溝通的過程中，一方盛氣凌人、趾高氣揚；在談話過程中，一方一直打斷他人的話，或是進行嚴厲批評；只顧自己不吐不快、喋喋不休，不考慮對方的感受和回應。一般來說，這些情況經常會發生在孩子與父母的對話當中，即便家長的觀點再怎麼正確，孩子從心理角度也很難接受，這也是家長和孩子之間容易產生情感隔閡的一個重要原因。溝通是需要主動的，但

它也是一個需要雙向互動的過程，試問誰又願意從仰視的角度、以一個被詆毀和無視的身分去和他人進行溝通呢？

　　所以在家庭中，當我們想要就某件事發表自己的意見或提出不同看法時，溝通的雙方都要端正態度，站在平等的角度對話，這樣才有繼續溝通的可能。我們還要和對方進行及時的互動，透過觀察對方的臉部表情和肢體語言等來體會對方的心理變化，以此獲得準確的回饋訊息，將道理融於感情之內，緩緩地傳輸到對方的心裡。

撒嬌的智慧 —— 撒嬌的女人最好命

一提起「撒嬌」二字，可能每個人的腦海裡都會出現一個柔媚軟萌的美女拖著尾音說話的畫面。看過《撒嬌女人最好命》這部電影的人可能還會回想起隋棠所飾演的嬌嬌女蓓蓓哭著說「怎麼可以吃兔兔」的情節。

隨著現代社會的發展和女性地位的提高，很多女性從肩不能扛、手不能提的大小姐變成了頂天立地且異常彪悍的「男人婆」。儘管如此，如果我們仔細觀察會發現，陷入熱戀的女生不管平時多麼彪悍堅強，到了戀人身邊還是會忍不住撒嬌。為什麼很多明明看上去豪氣沖天的男人婆也會在戀人面前撒嬌呢？心理分析大師佛洛伊德（Sigmund Freud）給出了這樣的解釋：女人在陷入熱戀之後，由於對戀人高度信任，會出現感性打敗理性的現象，導致心理年齡倒退，開始變得幼稚、孩子氣，喜歡像孩子一樣奶聲奶氣地說話、撒嬌、任性等，這可以追溯到嬰兒時期簡單的生理需求。也就是說，這時候女性撒嬌、扮可愛的行為是天性的，是由對戀人的信任催生出來的。

在現代社會，很多人都會將撒嬌看作一種女性化的表現。當男性撒嬌的時候，則往往會被人譏諷為「娘娘腔」，這樣的看法是帶有極大偏見的。其實無論男女老少，潛意識裡都會撒嬌。小孩子在請求父母買心愛的玩具給自己的時候，總能無師自通地點亮撒嬌這個技能；家裡的老人有時候也會任性地向小輩發脾氣，以求關心和撫慰。不過撒嬌的確是女人最常使用的一種溝通手段。

兩名女士在商場上看上了同一款衣服，但由於衣服的價格過於昂貴，財政大權又不掌握在自己手裡，所以都非常希望丈夫能夠幫自己買下來。然而回家之後，兩名女士採取的方式完全不同。

李女士回家之後，看到丈夫正在沙發上看電視，李女士湊上前去摟住丈夫的肩膀，肉麻地說：「老公，我愛你。」丈夫先是詫異，然後瞭然地問道：「說吧，妳又想買什麼？」妻子接著用無比甜蜜的語氣說：「老公，我真的好愛你。」丈夫想了想說：「看來妳這次想買的東西不便宜啊。」妻子摟住丈夫的雙臂討好地搖了搖，說道：「老公，你不知道，最近我在商場看上一款裙子，真的超級漂亮，跟我上次買的那雙高跟鞋搭在一起好看死了。人家想穿得漂漂亮亮地跟你出去玩，你幫人家買回來好不好？」一番軟綿綿的話說下來，丈夫的骨頭都酥了，雖然有點心疼錢，但還是大方地應

允了，李女士得償所願。

　　另外一位劉女士卻非常直白地告訴丈夫，自己看上了一件非常昂貴的新衣服，想要買下來，並毫不保留地把價格說了出來。劉女士的丈夫聽完後咋舌道：「便宜的衣服又不是不能穿，為什麼非要買這麼貴的呢？」劉女士聽完也有點冒火，開始絮絮叨叨：「我每天上完班回來還要給你們洗衣服做飯，我付出這麼多，買件好點的衣服犒勞一下自己都不行嗎？嫁給你之前說好了要讓我過好日子，結果我嫁過來這麼多年，過什麼好日子了，連件像樣的衣服都沒有……」丈夫聽到劉女士的話也煩了：「我什麼時候委屈過妳了，妳付出那麼多，難道我就沒付出嗎？這些年妳吃的穿的比人家差在哪了？剛過兩天安生日子妳就開始鬧，不想過趁早離！」

　　兩個人使用的溝通方法不同，最終取得的結果也截然相反，這就是撒嬌的魔力。相比很多女孩子自己拚死拚活費心費力才做出的成果，有些會撒嬌的女生只要在男生面前稍稍示弱，就能夠更輕鬆便捷地達到心中所預想的目的、讓事情更加順利，這就是策略性撒嬌的妙用。善於撒嬌的人也會讓人留下一種柔弱、可愛的印象，更能夠激發他人的保護欲。

　　女演員曾經講述過自己的經歷。姿容美豔的她在學生時代竟然沒有一個男生追求，這是一件令人難以想像的事情。直到大學畢業，她才從同班男生那裡弄清楚了自己桃花不旺

的原因，不是因為外貌，而是因為個性太強。她在學生時代是一個非常獨立自主的女生，甚至比很多男生都要堅強，這樣的形象一度嚇到了很多心存愛意的男生，以至於沒人敢去摘下她這朵霸王花。女性獨立自主固然是一件好事情，但有時候太過強硬的姿態也會讓男性產生難以駕馭之感，畢竟和小鳥依人的女性在一起更能夠彰顯男性的男子漢氣概。

「不漂亮的女孩子撒嬌成功率其實比漂亮女孩子要高，因為漂亮女孩子撒嬌時男的會忍不住要多看一會，再在心裡表決是否值得；不漂亮的女孩子撒的嬌，則像東方文人學成的西方作家寫作手法，總有走樣的感覺，看她們撒嬌，會有一種罪惡感，所以男的都會忙不迭地答應，以制止其撒嬌不止。」這段話聽來好笑，實則並非沒有道理，因為大家公認撒嬌這種事也是要看臉的，但這並不是說撒嬌是漂亮女性才能夠使用的專項技能，只要能夠熟練運用撒嬌這一技能，任何人都能夠透過簡單快捷的技巧讓自己的生活變得更加輕鬆有趣、為自己謀取更多的權益。

撒嬌雖然能夠便捷我們的生活，但這一技能卻不便濫用。只有把握撒嬌的尺度和技巧，以下制上，以柔克剛，才能讓「撒嬌的女人最好命」成為現實。

首先，不要用錯了撒嬌的方式。撒嬌並不是刻意地扭腰擺臀、忸怩作態，過猶不及會把撒嬌變成賣弄風情，讓他人

會錯意，出現尷尬的情況。真正的撒嬌應該是發自內心的、建立在雙方都感到愉悅的基礎上的一種行為，因為感受到了愛和信任，所以內心才會變得柔軟，進而以一種柔軟溫和的態度對待他人。

其次，要注意撒嬌的對象、分寸和時機。撒嬌在更多時候和場合是信任對方的表現、表達親密的方式，也正因為如此，很多女性不會在不親近、不熟悉的人面前撒嬌發嗲。貿然撒嬌往往容易適得其反。所以說，在親近的人面前適當任性一下還行，在不熟悉的人面前撒嬌反而會引發他人的不適和排斥。

最後，試圖透過撒嬌來不勞而獲的心理是不可取的。撒嬌只應該是我們為了達到目的而使用的輔助技能，不是為了達到目的而採取的主要手段。如果我們刻意地、一門心思地撒嬌帶給他人負擔，那就不能叫撒嬌，而是無理取鬧了。

愛的讚美 —— 老夫老妻互誇讚

在丹麥童話大師安徒生（Hans Christian Andersen）的經典著作中，有這麼一篇故事，名字叫〈老頭子做事總不會錯〉（*What the Old Man Does is Always Right*），故事的內容大致如下：

在一個小鄉村，生活著一對貧窮的老夫妻。這對夫妻家裡養了一匹馬，由於兩個人年紀大了，這匹馬多少有點用不上，他們便想著把馬牽到市集上賣掉，換點其他有用的東西回來。老婆婆一邊幫老頭子裹上頭巾，並把頭巾打上整齊漂亮的蝴蝶結，一邊對老頭子說：「今天剛好趕上鎮上有市集，你把這匹馬牽到市集上賣掉吧，換點錢買點其他東西也好，或者直接用馬交換點什麼東西。反正老頭子做事總不會錯的，你趕快出發吧。」老頭子聽完老婆婆的話非常開心，他戴上帽子與老婆婆吻別之後，樂呵呵地牽著馬走出了門。

來到市集上，人來人往好不熱鬧，老頭子找了一片空地，把馬拴在樹樁上等待買主。老頭子從早上等到中午也沒見幾個買主，便有些沉不住氣，起身四處打量。不過還真

讓老頭子想到了個主意，他看到不遠處有一個人牽著一頭母牛，這頭母牛明顯生病了，看上去沒什麼精神，但老頭子卻非常滿意，牽著自己的馬上前和母牛的主人交談起來。經過一番交流，老頭子用一匹壯碩的好馬換來了一頭生病的母牛。

老頭子牽著母牛在市集上行走，沒過多久便看到了一隻待售的羊，老頭子想：我們房子周圍全部都是草，養一隻羊完全沒有問題。於是他和羊的主人交談一番，用一頭母牛換了一隻羊。

老頭子繼續往前走，又看到了一隻羽毛豐滿的大肥鵝，老頭子想到自己家門前正好有一個池塘，養隻鵝還能下蛋多好，就用手裡的羊換了一隻鵝。

老頭子接著往前走，看到一戶人家的柵欄上拴了一隻短尾巴雞，這隻雞看上去非常漂亮，甚至比鄉村牧師養的那隻母雞還要漂亮。老頭子當時就心動了，他想：這隻雞不錯，如果養了牠，牠肯定會自己找蟲子吃，又能夠下蛋，來年孵出一窩小雞倒也不錯呢！這樣想著老頭子就上前去和戶主商談，用一隻肥鵝換來了一隻母雞。

老頭子頂著炎炎烈日忙了一個上午，實在是又渴又餓，就想找個地方吃頓午飯，喝杯小酒。走到一家酒館門口的時候，老頭子看到店裡一個店員背著滿滿一袋子的東西走了出

　　來，老頭子問道：「你的袋子裡裝的是什麼啊？」店員回答道：「廚房剩下了一堆爛蘋果，我正要拿去餵豬。」老頭子心想：這一大袋子蘋果可真是令人心疼啊，我和老太婆已經很久都沒有吃過蘋果了，如果我背回去一袋蘋果，老太婆指不定多開心呢！老頭子叫住了店員，用一隻母雞換了一袋爛蘋果。

　　老頭子扛著一袋子爛蘋果走進了小酒館，酒館裡人還不少，他便找了個位置坐了下來。他旁邊有兩名客人正盯著他看，因為這兩名客人看見小店員扛著這袋爛蘋果出去了，怎麼這個老頭又把爛蘋果扛回來了呢？兩名客人問起這個問題時，老頭子得意揚揚地將自己用一匹駿馬換來了一頭乳牛，又用乳牛換了一隻羊，用羊換了鵝，又用鵝換了一隻雞，最後用雞換來一袋子蘋果的事情講了出來。兩個客人驚詫地說：「所以你用一匹駿馬換來了一袋子爛蘋果？」老頭子顯然很滿意自己換來的東西，頗為得意地點點頭。

　　兩名客人不約而同地笑了起來，其中一個客人說道：「我們可以肯定，如果你背著這袋子爛蘋果回去，你老婆一定會狠狠地踢你的屁股！」另外一個人說：「就算你老婆不揍你一頓，肯定也免不了要跟你大吵大鬧。」老頭子卻說：「你們錯了，老太婆一定會給我一個溫馨的吻，並誇我做得對。」兩個客人不服氣地說：「我們可以拿滿桶的金幣跟你

打賭。」老頭子說：「我可沒有那麼多金幣，我只有一袋子爛蘋果。要是不夠的話，就把我和我們家老太婆也加進去好了。」

於是他們就這麼說定了，兩個客人跟著老頭子往家裡走。老頭子敲敲門，老婆婆打開門之後給了他一個溫馨的吻，問道：「今天去市集交換東西還順利吧？」老頭子急於說出自己做的好買賣，忘記了身後的客人，只顧拉著老婆婆的手說了起來：「我用我們的馬換了一頭乳牛。」老婆婆露出欣喜的微笑說：「是嗎？老頭子你真是聰明能幹，這樣我們每天都有牛奶喝了，我也可以給你做乳酪吃了！這真是太好了！」

老頭子接著說：「我走到路上的時候，看到了一隻羊，就把牛換成了羊。」老婆婆說：「換成羊的主意真是妙極了，我們家附近正好有草可以放羊，我們這下不但有羊奶喝，還能做羊乳酪吃。最棒的是，我還可以用羊毛給你織上一頂帽子。這可比一頭只會產奶的母牛划算多了。」

「可是我後來把羊換成了一隻鵝。」老頭子說。「你想得可真周到，我們門前剛好有一個池塘，把鵝放進去養著，我們聖誕節就能吃上肥美的烤鵝了。」老婆婆高興得幾乎要跳起來。

「後來，我又把鵝換成了一隻雞。」老婆婆依然非常高興

地說：「那就更棒了呀！雞能夠生蛋，還能夠孵小雞，看來我們很快要養一院子的雞了！老頭子你可真是聰明。」

「不過，我走到酒館的時候，看到小店員扛了一袋蘋果，我把雞拿去換了蘋果！」老頭子接著說。「我真要給你一個吻了，你知道我想做蘋果派很久了吧！你居然換了一大袋蘋果回來。現在我們不僅能吃上蘋果派，還能拿蘋果去換鄰居家的香菜了！這真是個絕妙的主意。我就說嘛！老頭子做的事情都是對的！」說完老婆婆湊上去給了老頭子一個響亮的吻。

兩個客人見狀願賭服輸，心悅誠服地給了老頭子一桶金幣。

故事裡的老頭子顯然一直在做賠本的買賣，但難能可貴的是，老婆婆對老頭子的行為一直都持肯定和支持的態度，毫不吝惜自己讚揚的話語，所以兩個人能夠把貧困艱辛的生活過得無比甜蜜。簡單的童話故事卻透露出了一個真理 —— 讚美在生活中是不可或缺的。它是人際關係中的潤滑劑，更是表達愛意、穩固家庭關係的好幫手。

當丈夫為妻子精心挑選了一件衣服或是一套化妝品的時候，總是希望能夠得到妻子的讚揚；當一個家庭主婦用心烹飪出一桌色香味俱全的晚餐時，雖然表面上不做什麼表示，但內心也總是希望得到家人的肯定和誇獎的。但這樣的細節

卻往往被人忽視，有的時候，因為買的尺碼或顏色不對，妻子會跟丈夫大吵大鬧；嫌妻子的飯做得不合口味，丈夫也會大聲指責妻子的不體貼，這樣雙方只會吵得不可開交，加深家庭矛盾。

張阿姨常年在家擔任家庭主婦的角色，每天早上起來，按照家人的口味，為全家人做早餐和外帶的午餐，既滿足了孩子吃麵包、煎蛋等西式早餐的需求，又滿足了老人喝豆漿、吃油條的中式早餐需求。吃過早餐、洗過碗之後，上班的上班，上學的上學，逛公園的逛公園，勤勞的張阿姨則開始著手整理家務，先把全家人的髒衣服收拾到一起，分類放到洗衣機裡清洗。洗完開始打掃環境，把地板拖得乾乾淨淨，窗戶也擦得能照出人影來。好不容易忙完家務，已經是暮色四合要買菜和做晚餐了。由於天氣變熱，張阿姨想著幫家人消暑降火氣，新學了幾個菜式，準備做來試試。而且為了美化家庭環境，她還專門從花店買了一束鮮花放在客廳的餐桌上。張阿姨滿懷期待地希望家人能夠發現家庭環境變好了。

儘管她把家裡的衛生打掃得很好，晚餐也做得非常盡心，但吃飯的時候似乎每個人都沒有注意到家裡發生的變化，也沒有任何一個人評價一下晚餐的好壞，其他人甚至都沒有發現今天的菜色與往日不同。張阿姨忍不住發問：

「今天的晚餐怎麼樣？」家庭成員們給出的回答是：「還可以吧，和平時沒什麼差別。」聽完這樣的話，張阿姨有些生氣，認為自己付出的努力全都白費了，因為其他人只關心自己的事情，根本沒把她的良苦用心放在眼裡。

所以第二天，她乾脆買回去了一堆苦瓜，做了滿滿一桌子的苦瓜菜苦瓜湯給家人吃，直到吃到嘴裡，這些家庭成員才發覺菜不合口味，一個個抱怨張阿姨不應該捉弄他們，但張阿姨也非常憤怒，她大聲說道：「你們這群沒良心的人應該感到慶幸，因為我還沒有讓你們這群絲毫沒有感恩之心的人吃草。」

接下來幾天，張阿姨都沒有做任何家務。幾個家庭成員的生活一團糟：吃不上早飯不說，一個個不得不穿著髒衣服上班上學，形象有損不說，外送也吃得反胃。實在沒有辦法了，他們才去找張阿姨溝通。藉著這個機會，張阿姨將平時累積的不滿全部說了出來。聽完張阿姨的控訴，家人才明白事情的嚴重性，連忙誠懇地向張阿姨道歉，並表示不會再無視她的勞動成果，一場家庭風波才得以平息。

俗話說：「良言一句三冬暖，惡語傷人六月寒。」如果張阿姨的家人能夠及時發現她為家庭所付出的辛勞和努力，並予以肯定和讚揚的話，也許就不會有後來那麼多的麻煩事了。

　　所以當我們發現他人優點的時候，不要吝惜自己的讚美，坦誠大方地說出來，往往能贏得他人的好感。平時他人做的事情再微不足道也要予以肯定，這樣才更容易贏得他人的歡心。我們在讚美他人的時候也要注意方式和技巧，特別是要區分讚美和恭維。真誠的讚美和蓄意的恭維之間有著本質的區別：發自內心的讚美往往有著真正的事實作為依據，這樣的話語能夠經得起考驗；而恭維的話往往是言不由衷的，被恭維的人會覺得說恭維話的人誇大其詞，目的不純，甚至有可能是在說反話，心雷根本就不是那樣想的，效果也適得其反。

　　所以，不要說一些沒有營養的客套話，而是要言之有物，讚美對方值得稱讚的地方。比如，當我們發現對方穿了新衣服，可以讚賞對方的身材；當對方換了雙新鞋子，我們可以讚美對方的氣質和眼光。努力去發現對方的優點，實在發現不了的時候，也可以稱讚對方氣色好，或是將對方所攜帶的物品作為切入點進行讚賞。因為一個人所擁有的物品往往代表了他的眼光和品味，當我們予以認同的時候，能夠有效地拉近彼此的距離。

　　夫妻在相處的時候，讚美的作用就更加重要了，因為長期的相處足以讓兩個人揭開自己的偽裝、露出真面目。如果不能夠以寬容和讚賞的態度相待，而是多加指責的話，那麼

兩人的生活必然雞飛狗跳，難以平靜，直接影響到工作和人
際關係，彼此間的感情也很難持續發展。因此，只有抱著欣
賞的態度，細心發現對方的優點，並恰到好處地進行讚美，
才能讓感情升溫、溝通順暢，令彼此的關係更加穩固。

有事請直說 ── 為何不敢拒絕

在日常生活中，拒絕他人是一件非常需要技巧和勇氣的事，是人與人交往過程中必備的一種技能。很多時候，對於一些過分的要求，如果我們不敢予以拒絕，帶給我們的並不是他人的肯定，反而會給我們自己的生活帶來很多麻煩，不僅會造成嚴重的心理壓力，還會直接影響到人與人之間的關係。下面兩個故事中的主角就是很好的反面教材。

故事一：

小恆是一名大學生，也是一名攝影愛好者，他在學校參加了攝影社團，並和社團中幾個成員建立了良好的人際關係。最近由於系上要舉辦運動會，小恆向一個平時關係不錯的成員借了一臺照相機，打算拍一些照片投在校刊上展示運動員們的風采。

當天，小恆拿著照相機拍了半天，有點累了，便坐在旁邊休息。這時同宿舍的男生小李湊了過來，要向他借照相機用，還指了指身後不遠處等著照相的女同學。小恆順著他的目光看過去，班上一群女孩子正滿懷期待地看過來。

小恆想了想說：「這個照相機不是我的，是我從別人那裡借的。」小恆以為自己的意思已經說得很明白了，但是小李卻說：「現在照相機在你手裡不就由你做主嗎？你借我們用一下，等用完就還給你，絕不耽誤你的事。」小恆還是覺得不妥當，可是他又不知道該怎麼拒絕。小李是他同宿舍的兄弟，平時關係也不錯，班上幾個女同學也在旁邊眼巴巴地盼望著，再加上小李在旁邊一直勸說，小恆原本就不堅定的拒絕意願也就越來越淡薄，最後還是點點頭同意了。

可是小恆萬萬沒有想到，不過一個下午的工夫，好好的照相機居然被摔壞了。小恆看著壞掉的照相機，氣得說不出話，小李和幾個女同學站在一旁滿懷歉意。最後大家商量湊錢修相機，幾個同學推脫責任不願湊錢，還為此吵得不可開交，鬧得大家不歡而散。雖然最後小李等人還是將相機修好了，但借給小恆相機的那個成員從那以後再也沒有將相機借給小恆，兩個人的關係也不復當初了。

故事二：

小明是一個非常熱愛勞動的學生，在學校輪到他做值日生的時候，他總是非常盡心，窗戶擦得乾淨，地拖得都能照出人來，黑板上也不會落下一點粉筆灰，所以每次他都得到老師的表揚。

有一次，同學小剛因為有事需要提前回家，便拜託小明

幫忙做值日生。小明想了想，覺得沒什麼問題，便答應替小剛做值日生。第二天，當其他同學知道了這件事之後，拜託他做值日生的人就變得多了起來。剛開始，那些當天做值日生的同學還會留下來幫忙，後來發現小明做得更好，就直接把值日生的任務全都拜託給小明。小明不知道怎麼拒絕他人，只好承擔了這份任務。因此，班上一半的學生都找他幫忙做值日生。小明本來想拒絕，同學們卻說：「你都幫其他人做值日生，為什麼不幫我，你是對我有什麼成見嗎？」小明一聽連忙解釋，最後還是答應了同學的要求。

　　對此，同學們都說小明是一個善良熱情的好人。從此以後，整個班級的值日生工作都落到了小明的身上，由於長時間當值日生，小明的課後作業常常做不完，學業成績也下降了。有一天，小明因為肚子痛實在沒有辦法幫忙做值日生，便拒絕了同學的請求，這名同學難以置信地瞪大了眼睛說：「想不到你居然是這麼自私的人，連一點小忙都不肯幫，虧我們還把你當成好人。」第二天，全班同學都知道了小明的自私，看他的眼光也不像從前那麼熱情友好了。

　　好人做九十九件好事人們都會覺得理所當然，但只要做過一件壞事，別人就只會記得他做的壞事。老好人也是如此，不管你幫別人多少次，只要拒絕過他人一次，那麼曾經樂於助人的好名聲就會蕩然無存。所以不敢拒絕他人、接受

所有無理要求，對我們建立良好的人際關係是有害無利的。

在複雜的人際交往中，如果我們想要建立良好的人際關係、立足於社會，就必須端正自己的態度，學會適當地拒絕他人不合理的要求，這樣才不必在與他人溝通的過程中自我妥協、委曲求全，才能避免因過度地討好他人而喪失自己的底線，從而獲得人際交往中最大限度的自由，減輕生活和工作上的壓力與負擔。

每個人在向他人提要求之前，其實內心已經有了兩種最基本的預料結果，一種是對方願意幫忙，一種是對方不願意幫忙。既然兩種結果都在預料之中，那麼我們大可不必擔心拒絕對方後會傷害到對方，從而失去一段友誼，更不必因為拒絕他人的不合理要求而感到內疚，勇於拒絕他人不合理的要求也是一種社交心理成熟的表現。不過，拒絕也是一門藝術，合理地說「不」才能最低限度地減少拒絕對彼此友誼造成的傷害。

在拒絕他人的時候，我們首先要調整自己的心態，不要過分在意他人的評價和肯定，也不要礙於情面走入不敢說「不」的人際交往失誤。真正的朋友不會強人所難，真正的友誼也不會因為一次拒絕而破裂，一味地妥協只會讓友誼向不健康的方向發展。所以該拒絕的時候，就要果斷拒絕。與此同時，我們還要注意說話時的語氣，簡潔、真誠地將自己

拒絕的原因告訴對方。如果自己無法答應,那麼就不要讓對
方留有任何希望,這樣才能夠最大限度地避免誤解的產生。
採取委婉且帶有歉意的語氣和直截了當的拒絕方式,能夠更
明確地表明自己的態度,獲得對方的理解和體諒。

抱怨的日常
── 收起抱怨，不做負能量的傳播者

　　隨著科技的發展和社會的進步，人們的生活壓力大大增加，在這樣的背景之下，生活中愛抱怨的人也變得越來越多，甚至連我們自己都變成了一個滿滿的負能量發散器，無時無刻不在抱怨著生活中的各種不順利，對任何一件不合自己心意的小事都能夠大發牢騷。有的人抱怨著自己的懷才不遇，抱怨沒有慧眼識珠的伯樂給自己一個施展個人才華的平臺；有的人抱怨著自己的辛勤付出沒有得到應有的回報，微薄的薪水連養家餬口都難以做到；有的人則直接將自己的不幸歸咎於社會的種種不公正，惡狠狠地咒罵著令自己不順心的事情或是人，在遭遇挫折之後第一時間不是去反省自己的不足和錯誤，而是透過抱怨的方式急切地宣洩自己內心深處的負面情緒。久而久之，很多人就養成了愛抱怨的壞毛病。

　　美國著名的心靈導師威爾·鮑溫（Will Bowen）曾經發起過一項「不抱怨運動」，他邀請每一位參加活動的人戴上一枚特製的紫色手環。要求參與者每抱怨一次就把手環換到

另外一隻手上，直到手環在同一隻手上持續戴滿二十一天。
這項活動引起了人們極大的興趣，一時間風靡世界，吸引了
全世界八十個國家的六百萬人踴躍參與。很多人表示自從帶
上這個手環之後，每次當他們想抱怨的時候會不由自主地看
一眼手環，然後提醒自己不要隨意發牢騷抱怨個不停。時間
一長，他們發現自己的生活居然變得更加和諧和幸福了。

從這項運動中，威爾‧鮑溫發現人們抱怨的內容一般分
為兩種：一種是抱怨他人對自己的不公平，另外一種則是抱
怨環境的不如意。此外，威爾‧鮑溫還分析了人們總是抱怨
個不停的幾個原因：

不合理的期待

很多人總是對其他人或事情有著過分的期待，當現狀不
能夠令他們滿足的時候，就會產生巨大的心理落差。有了落
差之後，不去調整自己的想法，卻堅持抱著不切實際的希
望，就容易陷入「失望 —— 期望 —— 更加失望」的惡性循
環之中，因此怨言不斷。

情感表達不當

很多人會把抱怨看作表達情緒的一種方式。比如，老年
人希望得到子女陪伴的時候，往往會用抱怨的方式來控訴子
女的冷落，以表達自己的需要關懷之情，但抱怨的話一旦說
出口就非常容易被誤認為是一種指責，效果往往適得其反。

博取關注

當人們得不到想要的注意的時候就會產生抱怨，因為心理訴求沒有被滿足，所以才要透過這種方式來引起他人的注意和重視。舉例來說：當妻子向丈夫抱怨家務的繁雜時，也許並不是想要丈夫幫忙，只是希望能夠吸引丈夫的注意。

借抱怨逃脫責任

當人們在工作或是生活中遇到困難、尤其是出現較大的問題的時候，很多人會先向他人抱怨，以此來減輕自己的責任和負擔。

缺乏自信和行動力

相比努力來說，抱怨是一件更輕鬆的事。我們可以發現，很多人在遭遇失敗的時候，會抱怨自己的失誤，但也只是抱怨而已，很少有自我反省的舉動，不肯承認自己的缺點和失敗，更不願意做出改變，這樣反而會讓我們喪失自我發展和自我完善的機會，更會讓我們難以走出失敗的陰影、難以超越失敗的自己。

出於炫耀的心理

當我們抱怨其他人的時候，其實內心有一種隱隱的自豪感，因為別人有這樣或那樣的缺點，而我們沒有，這就是我們的優勢。所以在這個基礎上去批評指責他人，能夠讓我們感受到自身的強大，也更容易表現出自身的優秀和出眾。

控制欲作祟

很多人都會犯這樣一個錯誤，當他想達成某個目的而沒能夠得償所願的時候，往往會抱怨個不停。這一點在很多父母身上都會出現，當孩子沒有如父母所願考出優異的成績時，父母就會喋喋不休，這其實是對於現狀不滿而又無可奈何的情況下做出的一種反擊。

希望獲得他人的同情和幫助

這種抱怨也隨處可見，在辦公室中，當同事向我們抱怨工作的繁重時，潛意識中是希望透過這種方式來獲得他人的同情，進而得到他人的幫助。

習慣性抱怨

很多人在抱怨的時候，其實根本就沒有意識到自己的這種行為是抱怨，而是習慣性地發牢騷。比如，走上街頭時，抱怨天氣不好、抱怨塞車嚴重、抱怨衛生條件差等。當發牢騷成為司空見慣的行為，抱怨的習慣也就形成了。

在人們抱怨的時候，潛意識中會認為抱怨這種方式可以改變身邊的人或者既定的事實，但實際上這種想法是完全錯誤的，這只會讓我們和原先的目標背道而馳，越走越遠。有些情況下，當我們向他人抱怨的時候可能會暫時獲得他人的同情和幫助，卻往往會讓我們欠上一筆人情債，甚至在無形間失去一些更為珍貴的品質。因此，抱怨並不能如我們所想

的那樣改變既定的事實，反倒還會令事情變得更加糟糕。

張先生是一家外貿公司的業務員，正值公司盈利旺季，老闆三番五次要求各組成員加班。好不容易到了下班的時候，老闆又走出辦公室要求職員加班，張先生和其他職員憤怒地坐回了自己的位置，但是內心始終排斥這種頻繁的加班行為。所以張先生開始向身邊的同事小李抱怨道：「總是加班，這個月都加班五回了，也不想想別人家裡有沒有老婆、孩子要陪，這簡直是不遺餘力地榨乾勞工的剩餘價值！」周圍的同事也對加班不滿，所以聽到張先生的話都連聲附和，一時間抱怨之聲不斷。

這時老闆從辦公室走出來把張先生叫進辦公室談話，原來張先生的抱怨一字不漏地被老闆聽了去。平時張先生在公司就喜歡抱怨，這已經讓老闆留下了負面印象，而這次又是張先生帶頭抱怨，老闆對他的不滿已經到了臨界點。對於張先生消極抵抗的態度，老闆給予了嚴厲的批評。張先生不服氣，兩個人爭吵了起來，老闆有意殺雞儆猴，直接辭退了張先生。

好好的一份工作，就這樣被幾句抱怨毀掉了，不得不說是一件非常不幸的事。抱怨並不能夠改變現狀，即便工作上有再多的問題和不滿，也應該把精力放在處理問題上，有抱怨的空閒，倒不如做好手上的工作。顯然，張先生想不明白這個道理。

當我們抱怨的時候，往往還會錯過更重要的東西。佛教有這樣一則故事：

山上有一所佛寺，佛寺裡面住著兩個和尚，老和尚心態平和，小和尚卻總是喜歡抱怨。

老和尚帶著小和尚下山化緣，小和尚會抱怨山路不好走；路過其他寺廟的時候，小和尚會羨慕地看上兩眼，然後抱怨自己所在的寺廟香火不夠旺盛，寺廟建的地理位置不好，香客也寥寥無幾；遇到沒有布施的百姓，小和尚會埋怨這些人不夠善良。老和尚聽完小和尚的話，只是笑笑，沒說什麼。

回到寺廟中，老和尚用化緣來的糧食做了一頓飯。吃飯的時候，小和尚還在抱怨寺廟中央那棵樹總是掉落葉，不好打理。老和尚問道：「今天飯菜的味道怎麼樣？」小和尚說：「我只顧著說話沒注意。」老和尚夾了一筷子菜給小和尚，讓他再嘗一嘗，小和尚雖然有些不明，但還是聽話地品嘗了菜餚，小和尚這才發現今天的菜味道特別好，便追問老和尚今天的菜為什麼和平時不同。老和尚笑著說：「並沒有什麼不同，只是平時你只顧著抱怨寺廟這不好那不好，沒留心菜的味道。」聞言小和尚羞愧得滿臉通紅。

小和尚明白了老和尚話裡的意思：當他不停地抱怨的時候，其實已經錯過了很多生活中的美好。抱怨的確能夠毀掉

我們自身的愉悅心情，有時候抱怨還會招來更多的抱怨，如病毒一般傳播蔓延。

張穎是一個非常開朗的女孩，性情豪爽的她喜歡交朋友，能很快和陌生人打成一片，開得起玩笑的性格也讓她成了朋友中的開心果，不過最近「開心果」張穎卻遇到了一點小麻煩。

週末，張穎把朋友小雯約出來逛街。不知道小雯是對自己不滿還是其他什麼緣故，整整一天，小雯都在抱怨。一見面的時候，小雯就略帶責備地說：「妳應該早點打電話給我的，妳不知道週末坐車有多費力，我們社區附近正在修路，擠個車跟打仗似的。」相處的時間長了，張穎知道了小雯的脾氣，連忙請她喝冷飲解暑降溫。兩個人在行人徒步區逛了一會，實在沒找到幾件合心意的衣服，炙熱的太陽烤得人頭暈眼花，大汗淋漓的小雯沒好氣地說：「妳可真會挑時間買衣服，太陽都能把人烤化了，妳就不能快點嗎？」眼見張穎又進了一家店，小雯更生氣了，說道：「妳眼光怎麼那麼挑剔呀，趕緊買完找地方吹冷氣。」

眼見小雯熱得滿頭汗，張穎心裡覺得三伏天叫朋友出來逛街的確有些不厚道，便提議等下午不熱了再去買，現在去看電影，小雯點點頭同意了。兩個人平時都不怎麼關注影視消息，也不知道什麼電影比較好看，張穎便自作主張挑了一

部最近熱映的電影，雖然電影的內容還勉強看得下去，但這次的觀影體驗實在非常糟糕。看電影的時候，後排有一個小孩子一直在電影院裡鬧脾氣，又哭又鬧，吵得其他人沒辦法看。偏偏孩子的父母都是「意志堅定」的人，隨口哄了哄孩子，眼見孩子還是哭個不停，索性把孩子丟到一邊不管了，任憑周圍的人怎麼抱怨，就是不帶著孩子離開電影院，甚至還跟其他觀眾吵了起來。

張穎她們實在看不下去，電影演了不到一半兩人便出了電影院，本來就不太高興的小雯臉色更黑了，大聲抱怨道：「這都什麼沒家教的人啊，那一家人真是有毛病，孩子哭得震天價響，別人電影都看不下去了，他們還風雨不動安如山，真是沒有一點公德心。」張穎也深有同感，但又不好將抱怨說出口，便附和著笑了笑。誰知道小雯竟然把矛頭對準了張穎：「妳還笑，這有什麼好笑的，妳看看妳選的什麼破電影！一天過去一半了，沒一件事情順心的，真是煩死了。」

張穎聽了心裡也非常委屈，明明是小雯讓她選的，怎麼沒選好倒還怪起自己了呢。但是考慮到是自己把小雯叫出來逛街的，張穎便忍下來心中的委屈，帶著小雯找餐廳吃飯。沒想到吃個飯也被小雯抱怨，餐廳冷氣不夠涼快、吃飯的人太多、上菜速度太慢等。短短的半個小時，小雯就跟倒豆

子一般抱怨了一大堆。好不容易吃完飯，張穎也被小雯的滿腔抱怨弄得沒了逛街的心思，兩個人簡單告別之後各回各家了。

　　張穎回家之後，看到宅在家裡的男朋友忍不住湊上去狠狠地擰了男朋友一下，邊擰還邊埋怨道：「都怪你，要不是你不肯陪我逛街，我也不會花錢買氣受了。」張穎的男朋友一臉委屈：「我不是早就跟你說今天上午有事不能陪你嗎？你早上還沒生氣呢，怎麼出門一趟就學會埋怨人了？」

　　張穎一聽也非常驚訝，要不是男朋友提醒她自己都沒有發現，她居然從小雯那學會了抱怨，還把怨氣撒到無辜的人身上了。張穎連忙道歉，在男友的詢問下，她把今天的經歷細細地講述了一遍。最後兩人一致認為：想要生活得更幸福，首先就要離那些愛抱怨的人遠一點，否則自己的好心情也會被破壞掉。

　　由此可見，人的大腦很容易對喜怒哀樂這些情緒產生共鳴，喜歡抱怨的人，不但會將自己的生活弄得一團糟，還會帶給他人眾多消極、負面的情緒和莫大的壓力，進而影響到他人的生活。美國史丹佛大學醫學院教授羅伯特・薩波斯基（Robert Sapolsky）研究顯示：人們總是抱怨的話，會強化消極思維，對人的心理產生不良的影響，當人們聽其他人抱怨超過半個小時，就會直接阻斷神經元連繫，加速腦細胞的

死亡，認知功能也會逐漸衰退。抱怨所帶來的更直觀的影響則是心理傷害，當我們向他人抱怨的時候，也許我們說出口的話是無心之言，但說者無心、聽者有意，我們的批評和指責往往會在不經意間給他人造成嚴重的傷害，這是很難彌補的，對於維護良好的人際關係來說也毫無益處。

所以我們應該看清楚抱怨帶來的後果，改掉愛抱怨的毛病。自知者不怨人，知命者不怨天，以更加正常、健康的語言方式與他人溝通，才能夠更輕鬆便捷地實現我們的目的，讓我們的精神狀態更加積極樂觀、心理狀態更加健康。

Part6

幽默溝通 —— 情商迸發的魔法

　　幽默可以帶來歡樂與和諧,是親和力的形象大使,是人際關係中的除了微笑之外的另一種潤滑劑,能夠讓溝通這座橋梁更為穩固,能夠幫助我們獲得更多的理解和支持、更快地被他人所接納,能夠讓我們以更和諧的方式融入社會。

幽默 —— 親和力的形象大使

　　說起幽默，可能每個人都不陌生，我們生活中也經常用這樣的詞形容他人，比如「你真幽默」、「他是一個非常幽默的人」等。用歸用，但幽默具體指的是什麼呢？法國作家羅伯特·埃斯卡皮（Robert Escarpit）在《論幽默》（*L'humour*）中說：「真理是這個家族的始祖，它孕育了常識。常識又孕育了機智，後者娶了一位旁系女子，名叫快樂，兩人產下一子，叫做幽默。」埃斯卡皮把幽默的來源解釋得非常貼切，幽默的確是機智和快樂的產物。現代著名學者、文學家、語言學家林語堂先生曾經專門寫過一篇文章來討論幽默，他說：「凡善於幽默的人，其諧趣必愈幽隱；而善於鑑賞幽默的人，其欣賞尤在於內心靜默的理會，大有不可與外人道之滋味。與粗鄙的笑話不同，幽默愈幽愈默而愈妙。」

　　現代社會，由於生活節奏加快，人們的壓力逐漸變大，就連苦中作樂都很難實現，更多的人彷彿喪失了幽默這個技能，日復一日地沉浸在繁雜的工作和單一的生活之中，這對於我們的人際交往來說是非常不利的。魯特克先生在《幽默

人生》（*Humorous Life*）一書中曾說過這樣一段話：「在人生的各種際遇中，幽默是人際關係的潤滑劑。它以善意的微笑代替抱怨，避免爭吵，使你與他人的關係變得更有意義；它能幫助你把許多不可能變為可能；它比笑更有深度，它產生的效果遠勝於咧嘴一笑。」心理學家也認為，幽默是一種充滿了情趣的人類另類智慧、另類高級精神活動的產物，幽默是人與人交往中的一種充滿了感染力和普遍傳達意義的交際藝術，它能夠引發他人喜悅的情緒，幫助人們享受到精神上的放鬆，營造良好的對話氣氛，用強烈的親和力有效地拉近人與人之間的距離，建立起和諧的人際關係。我們在生活中常常喜歡和那些具有幽默感的人進行交流，正是因為這個原因。

可見，在這個需要溝通的社會，幽默所造成的作用是我們無法忽視的。雖然我們在生活中不必做一個幽默家，但懂得欣賞幽默，而且適當地製造幽默也是一種機敏和智慧的表現。詼諧、幽默、風趣是人們在社交場合穿的最具有親和力的服飾。

林肯（Abraham Lincoln）總統處理事務善於使用幽默，他曾經和另外一個國家的總統在自己家會面。在這次會面中，林肯總統充分發揮了自己的幽默。兩個人還沒有來得及握手的時候，林肯就親切地寒暄道：「啊，原來我的個子還

沒有你高呢！當總統的感覺怎麼樣啊？」那位總統顯然沒有適應林肯的這種自來熟，有些拘謹地問道：「你覺得呢？」林肯正色道：「感覺還不錯，就像吃了火藥一樣，老是想放炮。」聞言，另外一位總統忍俊不禁，兩個人的距離瞬間拉近了，這對兩個人後面要談的內容是非常有助益的。

地位相當的人在交流溝通時需要拉近心理上的陌生距離，地位有差異的人之間更需要相互磨合。如果仔細觀察我們會發現，管理者在和下屬溝通的時候，兩人之間是存在一定差異的，這也就加深了溝通的難度，而幽默恰巧是消除這種差異、拉近彼此距離的最有效方法。一個優秀的管理者不妨嘗試著披上幽默的外衣，以詼諧風趣的方式讓自己在員工心目中的形象更為具體和充滿人情味一點，無疑會如虎添翼地助力事業發展。

一家企業空降了一位董事長過來，基本上每個企業的「空降部隊」都會遭遇和下屬之間關係疏遠、不融洽的問題。這位公司的董事長非常聰明，詳細地了解了公司的情況之後就制定了相應的工作計畫，熱火朝天地做了起來，雖然業績明顯有所提升，但公司裡依然有員工對他非常反感。

有一次公司舉行聚餐，那個對他尤其反感的員工直白且充滿攻擊性地問道：「先生，你表現得這麼得意揚揚是不是因為當了公司的董事長啊。」這個董事長聽完愣了愣，然後

笑著說：「當然不是了，雖然我當上了董事長也非常得意，但沒有當董事長之前最想做的一件事就是親吻董事長夫人。現在我終於美夢成真，吻了董事長夫人，怎麼能夠不得意呢！」員工們聽完哈哈大笑，頓時明白了這位新董事長的幽默和大度。就連那位向他發難的員工也不再跟他針鋒相對，而是聽從他的調派，公司上下齊心協力把原先慘不忍睹的業績翻了一番。

　　這位新董事長不僅表達了自己寬容的態度，還展現了自己的幽默感，拉近了與陌生員工之間的距離，為自己取得了公司眾多員工的認同和支持，簡直是一舉三得的好事。

　　所以說，幽默可以帶來歡樂與和諧，是親和力的形象大使，是人際關係中的除了微笑之外的另一種潤滑劑，能夠讓溝通這架橋梁更為穩固，能夠幫助我們獲得更多的理解和支持、更快地被他人所接納，能夠讓我們以更和諧的方式融入社會。幽默更是人們走向成功的法寶，當我們善用幽默這一利器時，我們通往成功的路途無疑會更加坦蕩。

不止引人發笑 —— 小幽默有大智慧

　　善於利用幽默這種一本萬利的資源，不僅會讓我們的人際關係建立得更為便捷，它還具有多種有益身心的功能和智慧：幽默能讓我們的心情變好、心態更加積極健康，能讓我們於尷尬、矛盾、危機中以機敏的智慧將負面情緒通通化為無形，令生活變得趣味非凡，從而促進溝通的高效和高質；它還能讓我們的身體變好，讓人感到輕鬆愉悅的同時可以舒緩神經，驅散溝通中的疲勞感，有效地提高人們大腦和整個神經系統的張力，當我們用一顆開朗樂觀的心去滋養身體的時候，必然能過上淡定自如、健康安穩的生活。

　　在現代社會，幽默已經成了人際交往中不可或缺的關鍵因素，一點點幽默便能夠幫助我們化解尷尬的氣氛，給自己找個很好的臺階下。

　　美國的總統隆納・雷根（Ronald Wilson Reagan）有一次在白宮發表演講，眾目睽睽之下，在主席臺上安坐的第一夫人南希（Nancy Davis Reagan）不知道出於什麼原因竟然連人帶椅子摔倒在地上。南希反應非常迅速，她立刻從地上

站了起來，但此時大家都已經被這場突發的意外吸引了注意力，很多人都看到了這一幕。第一夫人竟然在眾人面前摔倒了，這多丟人啊！南希正尷尬得不知道怎麼圓場好的時候，雷根總統轉過頭確認南希沒有摔傷之後說道：「親愛的，妳怎麼沒按照我們的約定來呢？我們不是說好的，當我的演講沒有任何人鼓掌的時候，才來這一手嗎？妳怎麼現在就使出來了？」眾人一聽，被雷根總統的幽默逗得哈哈大笑，一邊笑還一邊鼓掌，大家都被雷根總統的高情商所折服。

英國首相威爾遜（James Harold Wilson）在進行競選的時候，曾經遇到一個故意鬧場的人，他大聲喊著「狗屎、垃圾」而打斷了威爾遜的演講。打斷別人發言是非常不禮貌的，而搗亂者所使用的兩個詞彙也充滿了侮辱性，換作平常人，可能當場就怒髮衝冠地回罵了。但威爾遜沒有像普通人那樣大聲回罵，他保持了良好的風度，對著搗亂者非常有禮貌地笑了笑說：「這位先生，你先不要著急，我馬上就提到你所說的環境髒亂的問題了。」他平靜的回答讓搗亂者愣住了，一時間不知道如何應對。威爾遜順水推舟的小幽默一舉擺脫了尷尬的境況。

日常生活中，我們也可以像雷根總統、威爾遜首相這樣，運用幽默的方式來有效地化解尷尬的氛圍。

一個少年搭乘火車，他的對面坐了一個漂亮的女孩。到

了吃飯的時候，女孩從包裡掏出了一碗泡麵，拆開包裝之後拿去茶水間倒熱水。回來的時候不小心將茶水灑在了少年的衣服上，女孩非常愧疚，她一邊道歉，一邊手忙腳亂地找紙巾要幫少年擦衣服。

少年也是明事理、大度的人，看到女孩手足無措，也沒好再責怪她。但是女孩見這少年一直不說話，以為對方在生氣，嚇得一直低著頭道歉，差點要哭出來了。少年見狀索性發話了：「小姐，我看妳這不是打算泡麵，妳這是打算泡我啊！」一句話引得旁邊的乘客哈哈大笑，女孩也滿臉通紅，不過她也知道了這個好心的男孩並沒有生氣，也沒有責怪自己的意思，還非常善良地化解了自己的尷尬，心裡非常感激。

有時候恰如其分的幽默還能夠造成婉拒他人的作用，既不讓對方感到難堪，又不傷害彼此的感情，還能夠更加巧妙地達到自己的目的。

清朝的時候，河南有一位八府巡按大人，這個大人不知是在官場受人排擠，還是生活不如意，患上了精神憂鬱症，每天都悶悶不樂，一副了無生趣的樣子。他的家人看他總是鬱鬱寡歡，就專門找了一位名聲顯赫的名醫為他看病。

這個有著「華佗再世」之稱的醫生一本正經地為八府巡按大人切了脈，然後言之鑿鑿地說：「啟稟大人，經過我

的診斷，我發現您患的是月經不調之症。」八府巡按大人一聽頓時哈哈大笑，一邊笑一邊想：「還說是華佗在世的神醫呢？我看就是個糊塗蛋，連病人是男是女都分不清，這月經不調之症豈是男子能患的！」他也不讓這個糊塗蛋開藥方了，派人把診金給他，就把他打發了出去。

但是從此之後，八府巡按時不時就總會想起這個糊塗蛋鄭重其事地對他說「您患的是月經不調之症」的樣子，每次想起來都要哈哈哈地樂上一番，再也沒有了從前那副半死不活的倒楣相。府上的人都說神醫果然名不虛傳，真把大人的病給治好了。這時候，八府巡按大人才恍然大悟，明白了名醫以幽默來為他治病的用心良苦。

幽默往往伴隨著歡笑，而人在歡笑的時候，腦垂體可以分泌出腦內啡（Endorphins）物質，這種物質具有有效緩解疼痛的作用，所以對於陣痛、消炎有著一定的療效。幽默風趣還能夠治療失眠，導致我們失眠的大多數情況都是因為心裡有事壓著、不開心，倘若能夠被他人的幽默之語逗得笑出來，也能夠暫時緩解壓力，對人的精神和身體健康都有著良好的促進作用。

調查研究顯示，幽默還有著延年益壽的神奇作用。在位於義大利半島的義大利，五千七百萬人口中有九百萬人年齡在七十五歲以上，平均三萬人中就有一個百歲人瑞。這裡的

居民有一個共同特點，那就是他們都樂觀開朗、幽默風趣、胸懷坦蕩。雖然有時候他們也會辯論某些問題，但很少傷害到彼此的感情，因為他們都非常擅長用幽默風趣的話語來沖淡劍拔弩張的氣氛，減少言語帶來的刺激。

自嘲法 —— 幽默之最高境界

與他人溝通是否順暢，跟人的情商有著莫大的關係。而幽默是人生的一劑調味品，是人際交往中的必備資源，是一個人學識、智慧、才華、靈感在語言上的一種表現方式，是人類情感的自然流露。

幽默一直以來都被人們稱為只有聰明人才能駕馭的語言藝術，而自嘲又被稱為幽默的最高境界。開別人的玩笑容易，開自己的玩笑或許有點難度，很多人有時更在意面子問題。但在面對尷尬的處境和粗陋的言行時，如果我們選擇沉默，反而會被認為是懦弱的表現，但如果我們用幽默的語言來自我嘲諷一下，那就不僅能夠迅速化解敵意、幫助自己度過尷尬的時刻，還能夠打破僵持沉悶的氣氛、營造和諧歡樂的環境。

傳說在古時候有一個姓石的學士，有一年冬天，他騎著驢走在鬧市上，由於鬧市上行人太多，加上雪天路滑，驢子一個趔趄，石學士就從驢背上滾了下來，「撲通」一聲摔倒在雪地裡。這時眾人都看著摔倒的石學士，石學士可是斯文

人呢，從驢背上摔下來倒在地上也太丟臉了，他趕忙手腳並用地從地上爬起來，趕在別人發笑前感慨了一聲：「幸好我是石學士，我要是瓦學士豈不是摔成碎片了。」眾人一聽頓時明白了石學士這句妙語，樂得哈哈大笑。石學士則拍拍身上的雪，在眾人善意的笑聲中牽著驢走了。

一個小小的自嘲免去了被他人幸災樂禍的尷尬和難堪，這筆買賣做得還是非常划算的。

美國前總統柯林頓也曾因為出軌陸文斯基（Monica Lewinsky）小姐的醜聞而被媒體記者圍攻，有記者問道：「總統先生，請問您對於媒體所報導的你和陸文斯基小姐之間的緋聞有什麼樣的看法呢？」柯林頓早被這些媒體記者弄得不勝其煩，但他沒有表現出來，因為他知道，一旦他表現出一丁點的牴觸情緒，或者直白地拒絕回答記者的問題，那麼在場的媒體必然會紛紛出言詰責，讓自己陷入更加被動和危險的境地。所以，他從容不迫地回答道：「取笑我的話早就已經被世人給說盡了，再也沒人能夠說出新鮮的了。」

柯林頓無疑把記者丟出來的皮球又重新踢還給記者，時機掌握得恰到好處，分寸又拿捏得十分到位，這句話的畫外音是：「我能有什麼看法，你們要是有本事就說出點新鮮的花樣，我洗耳恭聽就是了。」一句簡簡單單的話，卻包含了自嘲與反諷、圓潤與尖刻這幾種截然相反的因素，不得不

說柯林頓的反應非常迅速，反擊也十分聰明。雖然順著記者的思路自嘲了一番，但也化解了尷尬的窘境，同時也抓住了媒體的弱點反守為攻，讓場上本來迫不及待提問的記者們頓時防備不及、集體失聲，不知如何應對，這就是自嘲法的妙用。

同樣善於利用自嘲化解尷尬和敵意的還有美國的林肯總統。

眾所周知，林肯總統的容貌非常難看，眼睛不大，臉卻出奇的長，看上去頗為怪異。這本來可以算作人際交往中的一個障礙了，但林肯卻把自己的容貌發揮出了特殊用途。有一次林肯在演講的過程中，臺下突然有一位參議員站出來厲聲指責道：「你是個兩面派！」原來這個參議員是林肯的政敵，為的就是要讓林肯下不來臺。

林肯沒有生氣，也沒有和這個參議員針鋒相對地討論自己是不是個兩面派的問題，他掃視了一下會場，然後開口說道：「你說我是兩面派，那我就請在座的各位幫我評評理，如果我真的還有另外一副面孔的話，我還會把這樣一張不堪入目的面孔帶到會場之中嗎？」林肯話音剛落，會場中就爆發了一陣會心的笑聲，還有人為林肯鼓掌加油。一場爭端就這樣被林肯的自嘲消弭於無形，顯然這種自嘲性的自我保護比正面還擊還要更高一籌。

　　在演講中，用自嘲來做開場白，不僅能夠快速地抓住觀眾的注意力，還能夠讓人留下更為深刻的印象，總是更容易被他人所接受。

　　一位教授參加一場演講，不巧的是，這位教授是個禿頭，他上去做自我介紹的時候說道：「我有一個朋友說我是聰明透頂，我笑著回答他說：『你太小看我了，我這哪裡是聰明透頂啊，我分明已經聰明絕頂了。』」場上頓時爆發出一陣陣笑聲，然後大家都聚精會神地盯著這個幽默的教授，想聽聽他還能說出什麼有意思的理論。在一片積極活躍的氛圍中，教授成功地完成了這次演講，並受到了觀眾的喜愛。

　　懂得自嘲的人是聰明的人，因為他們知道用自嘲的方法來保護自己，甚至學著用自嘲來換取某些利益，這是一種非常明智的做法。在快節奏的社會生活中，多一點自嘲精神，多一點幽默感，能夠讓我們換一個新鮮有趣的角度看世界，能讓我們以更輕鬆的方式面對生活、點綴乏味的生活。

說笑話不是亂說話 —— 幽默時的尺度

在生活中與朋友相處的時候，我們難免會開一些無傷大雅的玩笑，來緩和氣氛和密切彼此之間的關係。善於開玩笑的人懂得透過幽默給自己增添個人魅力，也懂得把握好對象、分寸和尺度，而不善於開玩笑的人卻常常弄巧成拙，反倒失了魅力、丟了臉面。

北宋著名的文學家蘇東坡就是一個非常有幽默感的人，常常和朋友開玩笑。有一次，蘇東坡和好友佛印和尚一道參禪，打坐結束後，蘇軾一時興起，問佛印道：「你看我打坐時像什麼？」佛印笑著說：「我看你像一尊佛。」蘇東坡聽完之後非常高興，對佛印說：「你可知道我看你打坐像什麼嗎？」佛印搖頭示意不知。蘇東坡看著佛印身著黃色袈裟，開玩笑道：「我看你像一坨牛糞。」佛印聽完也不生氣，只是笑笑。

讓佛印吃了個悶虧後，蘇東坡神清氣爽地回到家中，見到蘇小妹不由地炫耀起來。蘇小妹啼笑皆非，說道：「哥哥，以你的悟性還是不要去打坐參禪了。參禪之人最講究的是什麼？是見心見性，心中所有即眼中所見。佛印說你像尊

佛，說明他心中有一尊佛；你說佛印像牛糞，那你心中有什麼不言自明瞭吧！難怪佛印不與你爭辯！」

蘇東坡不僅喜歡和朋友開玩笑，就是和蘇小妹相處，他也能拿妹妹的相貌打趣。有一天，蘇小妹來找蘇東坡，還沒有走進門，蘇東坡就聽到了蘇小妹的聲音，他吟道：「未出堂前三五步，額頭先到畫堂前；幾回拭淚深難到，留得汪汪兩道泉。」蘇小妹生來凸額凹眼，蘇東坡這首詩正是拿她這一外貌特徵開玩笑。

女孩子本來就害怕別人拿自己長相的弱點開玩笑，但這次蘇小妹聽完也不生氣，她也是才思敏捷的人，走進門之後，立刻開口說道：「一叢衰草出唇間，鬚髮連鬢耳杏然；口角幾回無覓處，忽聞毛裡有聲傳。」意思就是譏笑蘇東坡那一臉疏於打理亂蓬蓬的絡腮鬍，但是相比蘇東坡的調侃，蘇小妹又覺得自己沒有抓住要領，她仔細觀察了蘇東坡的長相，又吟了一首詩：「天平地闊路三千，遙望雙眉雲漢間；去年一滴相思淚，至今未到耳腮邊。」原來，蘇小妹是抓住了蘇東坡額頭扁平、兩眼相距甚遠、臉又長得像馬臉一樣、五官搭配比例嚴重失調的特點譏諷。蘇東坡聽完樂得哈哈大笑。

蘇東坡兄妹兩人都是豁達寬廣之人，兩個人一起生活多年，相知甚深，知道對方是在開玩笑，即便是拿彼此的相貌戲謔，也可以一笑置之，不會放在心上。但有些時候，玩笑

卻不可以亂開，因為人和人之間的成長經歷不同、性格特點
也不相同。有的人性格熱情活潑、豁達開朗；有的人則是生
性嚴肅、謹小慎微。在和不同性格的人交流的時候，開玩笑
也要注意分寸和場合。

　　春秋時期，晉國大夫郤克、魯國大夫季孫行父、衛國大
夫孫良夫和曹國大夫公子首四人一同出使齊國。非常有趣的
是，郤克的一隻眼睛瞎掉了，而季孫行父是個禿子，孫良夫
是個跛子，公子首是個駝背，四個身有殘疾的使者聚在一
起，就顯得有些微妙了。齊頃公見到四個使者之後，覺得十
分好笑，但要顧及一國之君的身分，不便明目張膽地笑出
聲，就暗地偷笑。這種事情齊頃公自己偷偷笑也就罷了，壞
就壞在他拉著母親一起來笑，這便引發了禍端。

　　原來齊頃公生性至孝，他的父親齊惠公去世之後，他的
母親一直沉浸於悲傷中無法自拔，齊頃公為了讓母親高興
點，經常把從外邊聽到的笑話說給母親，他的母親聽到後果
然心情有所改善。這次他一看到四個各患殘疾的使者，立刻
就想要和母親分享這一趣事。他的母親知道後果然心生好
奇，想親眼看看這四位「有趣」的使者。

　　次日，齊頃公在宮中舉行家宴，並邀請了四個使者赴
宴。為了增加趣味性，齊頃公還專門找來四個和使者有著同
樣殘疾的人分別為他們御馬。齊頃公的母親在閣樓上遠遠看

見不由得笑出聲來，尤其看到郤克跛行登上臺階這一幕的時候更是笑得前俯後仰，就連身邊隨侍的僕人們也笑作一團。

使者們不明白其中的緣由，知道真相之後，他們怒不可遏。四人作為一國使者代表了各自的國家前來齊國進行友好訪問，而齊頃公堂堂一國之君竟然拿他們身上的殘疾取樂，這簡直不可饒恕。四位使者拂袖而去，郤克發誓道：「不報復這次恥辱，我就不渡過黃河！」其他三位使者也和郤克約定好聯合攻打齊國。

四位使者能夠出使齊國，本就說明他們是在國君身邊極受寵幸的人物，回國之後，他們分別在國君面前告狀，唆使國君出兵攻打齊國。尤其是郤克，執政之後更是致力於洗雪前恥，他聯合魯國、衛國、曹國四國齊心協力攻打齊國。在他們的共同努力之下，齊國的軍隊大敗，齊頃公不得不割地獻寶求和。

齊頃公的孝心雖然值得稱讚，但一個惡意的玩笑卻引發了一場戰爭，甚至差點導致國家滅亡，這不得不讓人警惕。有幽默感固然重要，但有的時候，玩笑不能亂開。當然，這也並不是說我們平時三緘其口、死氣沉沉就會少說少錯，只要我們注意掌握分寸和尺度、避開踏入幽默的禁忌區，就能夠正確發揮玩笑的妙用，在人際溝通中做到處處逢緣、遊刃有餘、揮灑自如。那麼，開玩笑有哪些禁忌呢？

不要拿他人的缺點和不足作為開玩笑的槽點

在和他人相處的時候，隨著相處時間的增長，我們對他人身上的優勢和劣勢的了解也會逐漸加深。每個人身上都有缺點，像齊頃公一樣拿他人的生理缺陷來開玩笑，把自己的快樂建立在他人的痛苦之上的做法是非常惡劣和不可取的。如果我們和對方的關係並沒有想像中得那麼堅不可摧，當我們隨意拿對方的不足來開玩笑的時候，往往會傷害到他人的自尊心。即便我們苦口婆心地加以解釋，也很難消除一個惡意玩笑對他人造成的傷害。開玩笑應該在尊重他人的基礎上，這樣才能夠有效地避免玩笑低俗化。

捉弄他人不等於開玩笑

很多人喜歡捉弄他人，看他人出糗來娛樂大眾，甚至有人將捉弄他人列入開玩笑的範疇之內。但事實上，開玩笑有兩個基本準則，一個是尊重他人，另外一個是令他人感到輕鬆。捉弄他人既非出於對他人的尊重，也不能夠令對方感到輕鬆愉悅，還極有可能帶來生命危險。這樣的例子並不少見，國外的一個女生戴上恐怖面具捉弄自己的朋友，結果她的朋友真的被嚇到了，朋友尖叫著衝出家門，跑到街上的一瞬間被疾馳的汽車撞飛，一場禍事就此釀下，這名女生為自己的惡作劇追悔莫及。所以，我們一定要分清楚捉弄他人和開玩笑兩者的區別，以免傷及彼此之間的感情。

不要開不合時宜的玩笑

我們在開玩笑的時候也要注意他人的情緒和環境，當他人遭遇挫折、非常需要關心和安慰的情況下，我們還拿對方開玩笑的話，再寬容大度的人也難免會心懷芥蒂，覺得我們是在幸災樂禍，往他人傷口上撒鹽。所以開玩笑的時候也要注意時機，如果我們無意間的玩笑傷害到了他人，那麼誠懇的道歉是必不可少的，及時的補救能夠有效地彌補我們的無心之失。

不要和異性開過分的玩笑

在和異性溝通的時候，尤其要注意開玩笑的尺度。有的人認為在和異性聊天的時候，對異性開黃腔、講有色笑話是一件非常有幽默感的事情，事實上，這極有可能讓對方感覺到開黃腔的人教養低下，並產生被冒犯的不適感。所以和異性開玩笑的時候，一定要注意尺度，以免損害個人形象。

不要總和同事開玩笑

職場之內，人和人的性格與身分地位各不相同，開玩笑的時候也應該因人而異。在和同事相處的過程中，我們可以和關係較好、性格較為寬容的人開些無傷大雅的小玩笑，但是也要適量、適時、適當。玩笑開得恰到好處，能夠造成緩和氣氛、融洽人際關係的作用，但是總開玩笑的話，我們的個人形象容易被打上「不成熟」、「不踏實」的標籤，同事對於我們的尊重之心也會減弱，極有可能在無形之中得罪人，影響到自己的職業前途。

Part7

探祕自我溝通 —— 認識、提升、超越

  在太陽神阿波羅（Apollo）的神廟門上，古希臘智者曾經留下了這樣的警訓：「人啊，認識你自己！」而道家學派創始人老子也曾說過：「知人者智，自知者明。勝人者有力，自勝者強。」及時地認識自我、了解自我能夠幫助我們發現自己身上的潛能，將自己的才乾透過更為適合的方式展現出來，與這個世界進行最佳溝通。

「我是誰？」 —— 做一個自我觀察者

你了解自己嗎？你真正注意過自己的內心嗎？捫心自問過「我是誰」這樣的問題嗎？在這個世界上，每個人都處於不斷成長的過程中，在這個過程中，我們經歷的事情越多，我們身上發生的改變就越明顯，我們自身的能力、態度、所擔任的社會角色也會隨之發生改變。由此導致一個人認識自己、了解自己是一件非常難得的事情。因為我們或許並沒有發現自己的改變，還在用老眼光來定義自己的人生價值。

也許很多人都認為最了解自己的莫過於自己。實則不然，有句古話叫：「當局者迷，旁觀者清。」因為人都是更多地注意自己，在某些時候會本能地進行自我美化，所以有時候我們眼中自己的真實度是摻有水分的，我們對自己的了解程度可能還沒有身邊那些朝夕相處的朋友們了解得深。當你覺得「我是這樣的」時候，或許別人看待你的印象卻是「他是那樣的」。

一個盛滿了白開水的杯子放在桌子上，杯子認為自己就是一杯水，可能是來自岩石空隙中的地下水，也可能是來自地表之下的淺層水。

　　杯子正在思考的時候，主人端起杯子把裡面的水喝掉了，然後把新榨的橙汁倒進了杯子裡，杯子這時候又想：「看來我是一杯橙汁，也許我來自美國的『陽光之州』佛羅里達，或者我來自巴西。」

　　過了沒多久，主人又把橙汁喝掉了，然後把牛奶倒了進去。杯子又想：「看來我前兩次都猜錯了。好吧，我其實是一杯牛奶。那麼我來自哪頭乳牛呢？」

　　旁邊的面紙盒見狀，忍不住發話了：「別瞎猜了，愚蠢的傢伙，你只不過是一個玻璃杯罷了。」杯子不信，正要和面紙盒爭論，這時主人拿起杯子把牛奶喝掉，然後放在水龍頭下沖洗了一番，又放在了桌子上。杯子看著自己透明的身體，這才明白面紙盒說的沒有錯，它並不是什麼水、橙汁或者牛奶，它只不過是一個玻璃杯罷了。

　　想到這裡，杯子有些沮喪，嘆息道：「原來我只是個杯子啊。」面紙盒安慰它說：「這有什麼好難過的，你雖然只是一個玻璃杯，但你能盛放所有的飲料啊，這不正是你的優勢嗎？」杯子聽完面紙盒的話恍然大悟，雖然自己不能幫主人解渴，但自己能夠盛放所有主人想喝的液體啊！看來，我也不是自己想的那樣毫無用處嘛！

　　由此可見，認識自己、明確地知道「我是誰」是人們走向成功的關鍵因素。成功而優秀的溝通是建立在知己知彼的

基礎之上的，自我溝通就是「知己」，是認識自我、了解自我的過程。我們可以這樣理解，溝通的成功常常來源於自我認識的成功，自我認識的成功能夠帶來溝通的成功，自我溝通的成功是人生成功的決定因素之一。

很多人都覺得自我溝通沒什麼必要，難道自己還不夠了解自己嗎？答案是肯定的，如果中肯地評價自己，猜想很多人都會躊躇不定。原因就在於我們的確不夠了解自己。這個世界是不斷改變的，人的心境和性格也會隨著外界的變化而不斷地發生改變，誰能輕易地定位自己呢？誰又能確定他人評價自己的言辭是中肯而全面的呢？現代社會，每個人身上都貼有各式各樣的標籤，如「白領」、「八〇後」、「文藝青年」等，這些五花八門的標籤代表著他們和這個時代、這個社會的連繫，也代表了他們的某些身分定位。有的時候我們往往被這些標籤限制，很難深入準確地了解自己、認準自己的社會角色和定位。

中西方的古人早就知道了積極主動地認識自己的重要性，所以留下了許多名言警句。在太陽神阿波羅的神廟門上，古希臘智者曾經留下了這樣的警訓：「人啊，認識你自己！」而道家學派創始人老子也曾說過：「知人者智，自知者明。勝人者有力，自勝者強。」及時地認識自我、了解自我能夠幫助我們發現自己身上的潛能，將自己的才乾透過更為適合的方式展現出來，與這個世界進行最佳溝通。

「我有哪些優點和缺點？」
—— 貴在自知之明

　　《論語》中曾子有言：「吾日三省吾身：為人謀而不忠乎？與朋友交而不信乎？傳不習乎？」意為：我每天都要多次自我檢討：「為他人出謀劃策做到盡心盡力了嗎？和朋友相交做到誠信以待了嗎？老師所傳授的東西今天溫習了嗎？」其實曾子三省吾身的過程，就是在進行自我溝通。

　　叩問自己的靈魂，有沒有按照自己的道德標準去為人處世，這是君子的處世之道，這樣的自我溝通也是與他人進行有效溝通的基礎。正如《孫子兵法》中說：「知彼知己，百戰不殆；不知彼而知己，一勝一負；不知彼不知己，每戰必敗。」只有了解自己和敵人，根據自身的優勢和敵方的劣勢及時調整策略，避其鋒芒，以己之長攻彼之短，在前進的道路上才能夠做到無往而不勝。

　　唐初武德年間，秦王李世民發動玄武門事變，殺死太子李建成和齊王李元吉，登上帝位，是為唐太宗。突厥頡利可汗認為李世民剛即帝位，國情不定、民心不穩，內部矛盾急

255

待解決，正是進攻的好時機，便和突利可汗合兵二十萬，大舉入侵唐朝邊境，一路攻城拔寨，攻打到了涇州。

唐將尉遲敬德率兵和突厥交戰於涇陽，雖有小勝但沒有傷及突厥主力，突厥仍是氣焰囂張，屯兵渭水河北岸，並派出了大將執失思力前往探聽朝廷的虛實。李世民知道自己一旦示弱，頡利可汗必定會肆無忌憚地縱兵大肆殺戮，所以他果斷命人扣下執失思力，親自帶兵前往渭水河邊，斥責頡利可汗背棄盟約。

沒多久，各路唐軍也紛紛到來，一時間煙塵動地，旌旗蔽空。李世民先令各路大軍排兵布陣，又繼續問頡利可汗：「你以前與我們有盟，今日出兵襲擾，為何不守信用？」頡利可汗被問得啞口無言，又一看大將執失思力去而未返，而唐兵陣容強大，整齊劃一，並不像他們所想得那麼不堪一擊，便向李世民求和。

當時李世民手下的將領紛紛上前請戰，但李世民知道自己剛剛繼位，民心不穩，社稷不定，不具備發動大規模戰爭的條件，而且老百姓如今的生活也經不起戰爭的消耗，最明智的選擇是停止戰爭，與民休息。倘若和隋煬帝三征高句麗一樣不顧民生，必然會遭到百姓的反對，而狼子野心的突厥也並不會因為當前打一仗就能夠被徹底平定，就算贏得一時，突厥必然心生怨恨、伺機報復，到時候肯定後患無窮。

經過對敵我雙方的仔細分析之後，李世民決定採取「將欲取之，必固與之」的策略，同意突厥的求和，先發展國力，等到突厥兵驕馬惰的時候再一舉消滅。李世民賜給頡利可汗大量金帛之後，頡利可汗就此退兵，大唐的邊境得到了暫時的安定。

如果李世民沒有仔細分析敵我雙方的差距，貿然與突厥開戰，免不了要重蹈隋煬帝的覆轍。所幸他了解大唐的國情，也了解突厥的實力和秉性，選擇了恰當的策略，為唐朝的崛起贏得了寶貴的時間。這就是「知己知彼，百戰不殆」的成功應用，這種「知己知彼」的軍事思想也同樣適用於溝通。

人貴有自知之明。遺憾的是，很多人並不了解真正的自己，比如：自己是什麼性格的人？自己的能力怎麼樣？自己的強項是什麼？興趣又是什麼？我適合什麼樣的工作？我為人處世的態度怎麼樣？我在這個社會中的定位又是什麼？如果讓我們來回答這些問題的話，想必大多數人都可以給出明確的答案，但這些答案卻未必是正確的。

為什麼我們在很多時候卻無法做到「知己知彼」，尤其是「知己」呢？

不自知的原因之一便是自尊大於自卑，總以為自己是完美的、沒有缺陷的，看不到自身的不足，也聽不進去別人的

負面評價。用下面這個傳說來解釋最適合不過：造物主造人之初給人的身上放了兩個袋子，放在前面的袋子裡面裝滿了每個人的優點，背在後面的袋子裡則裝滿了自身的缺點。每個人都背著這兩個袋子向前走，在大街上舉目四望，所看到的除了自己身上的優點，就剩下別人身上的缺點了，很少有人會回過頭看自己身後的缺點。所以，對自己了解得不夠充分也就並不奇怪了。

如果我們對自己的認識不足，過度地高估自己、好高騖遠，則很有可能一事無成，甚至連累其他人。紙上談兵的趙括就是最典型的例子。

戰國時期，趙國的大將趙奢智勇雙全，驍勇善戰，曾經以少勝多，打退了秦軍的入侵。戰功卓著的趙奢被趙惠文王重用。趙奢有一個兒子名叫趙括，他受父親趙奢影響，對軍事十分感興趣，自幼熟讀兵書，很多人和他談論軍事，都難以占半點上風，就連他的父親趙奢有時候也說不過他。

對此，趙括非常得意，時日一長，竟然認為自己已經天下無敵，缺的就是一戰成名的機會。趙奢非常擔心驕傲的兒子將來會闖禍，曾多次說趙括沒有經歷過戰爭，只不過是紙上談兵罷了，如果將來國君不把他提拔為大將還好，一旦把他任命為大將，那麼趙軍必然會被他帶向失敗的深淵。

幾年後，野心勃勃的秦軍又發動進攻，廉頗帶著趙軍和

秦軍打起了消耗戰。廉頗知道趙國的兵力不能與秦軍正面抗衡，只能透過消耗戰來削弱秦軍的實力。雙方僵持了半年，秦軍遠離國土，眼看糧草快沒了，到時候不用跟趙軍打，餓得雙眼發綠光的秦軍就會先潰散。

此時，秦國的丞相范雎使出了反間計，派出間諜，在趙國的邯鄲散布謠言，說廉頗老邁，懦弱畏戰，恐怕過不了多久就要投降秦軍了，又說秦國最怕的是趙奢的兒子趙括，因為他比他的父親還要有計謀。一時間邯鄲城內謠言四起，趙國君臣上下慌亂不已。

趙孝成王看廉頗跟秦軍僵持了這麼久始終沒有進行大規模的戰爭，他早就懷疑廉頗是不敢應戰，就想著換一個人去代替廉頗打退入侵的秦軍。現如今聽到謠言後，他立刻召來趙括，說道：「寡人聽說，你比你的父親還要智勇雙全，我想把你派到長平接替廉頗的位置打敗秦軍，你有獲勝的把握嗎？」

趙括信誓旦旦地說：「這有什麼難的，如果是秦將白起，我可能還要多番籌劃，畢竟白起有『戰神』之稱，戰無不勝，攻無不克，我跟他打，勝負尚有懸殊。但如今秦將是王齕，王齕不過是趁著廉頗懦弱畏戰的時機才能打到長平，我領兵作戰的話，打退秦軍不在話下。」趙孝成王看他分析得頭頭是道，又胸有成竹的樣子，也非常高興，當即把趙括任命為上將軍，取代了廉頗的位置，讓他去攻打秦軍了。

　　廉頗一走，趙括便一改廉頗的作戰方針，生搬硬套《孫子兵法》上的「兵貴速，不貴久」。要求士兵不要再畏畏縮縮，而是與秦軍奮勇作戰。恰巧接到消息的秦將王齕帶著三千士兵上前叫陣，趙括立刻率領一萬士兵迎戰，以多壓少，秦軍自然不敵。趙括看自己一上來就打了場勝仗非常高興，志得意滿的他甚至派人前往秦軍的軍營下戰書。王齕不但沒有應戰，反而帶著兵退後了十里。趙括以為秦軍這是被自己一戰打怕了，心中更加得意，傳令士兵要生擒王齕，以彰顯趙國國威。

　　次日，趙括率軍和秦軍交戰，趙軍連連取勝。趙括不知中了秦軍的誘敵深入之計，親自帶領大軍前去追殺秦軍。結果，被秦軍圍起來打，趙軍腹背受敵，死傷慘重。突圍時，趙括被秦將白起埋伏下的弓箭手射中，當場身亡。趙括一死，趙軍軍心大亂，一時間四處潰逃，四十萬趙軍被秦軍盡數坑殺。

　　如果趙括能夠及時地認清了自己能力上的不足 —— 缺乏實戰經驗，認識到雙方的實力懸殊，也許這樣的悲劇就可以避免。但歷史不能假設，我們只能夠借鑑歷史，從前人的失敗中總結經驗，作為自己前進路上的指引。

　　不自知的原因之二就是自卑大於自尊，總是把自己看得很低很低，以為自己一無是處、什麼事也做不成。有這麼一

則寓言故事說的就是因為自卑而無法實現與自身良好溝通的
道理：

在浩瀚無垠的海面上，一朵小小的浪花整天唉聲嘆氣，
因為它身邊比他大的浪花多了去了，它不明白上天為什麼要
把它生得那麼渺小。別的浪花境遇都非常好，它卻只能夠每
天拍打著礁石，它覺得痛苦極了。

有一天，它的抱怨被一朵大浪花聽到了。大浪花說：
「你現在之所以這麼痛苦，是因為你被你現在波浪的形體所
迷惑，沒有認清楚自己的本來面目。等你有一天看清自己，
你就不再會感到痛苦了。」

小浪花奇怪地問道：「我本來面目不是浪花嗎？還能是
什麼呢？」

大浪花說道：「每一朵浪花本質上都是水，你也不例
外。拋開你的本來面目，看看這片波瀾壯闊的海域吧，這才
是我們的本體啊。」

也許每個人都曾有過和小浪花同樣的困惑，看不清楚自
己的本來面目，沉浸在困惑和痛苦中無法自拔，這個時候，
我們就需要和自我進行積極而樂觀的溝通，深入了解自己，
找準自己的定位，認清楚自己的優勢和缺點，充分進行自我
了解之後，再調整自己為人處世的態度和策略，就能夠讓帶
著自信的我們離成功更近一步。

　　不自知的原因之三就是過於相信和迷戀外界對自己的評價，聽到讚美就飄飄然，全然不顧事實究竟是否如此。北宋詩人蘇軾的〈題西林壁〉一詩說：「橫看成嶺側成峰，遠近高低各不同。不識廬山真面目，只緣身在此山中。」對自我溝通而言，我們對自己的認識是廬山的一部分，別人眼中對我們的認識也是廬山的一部分，但廬山的真面目到底是什麼樣的，身在廬山之中去觀察，必定會眼光狹隘、視線受阻，是無法看得全面細緻的。所以我們在認識自我的時候也要注意跳出「廬山」去觀察廬山的真面目，不要被外界的誇讚和表揚迷住了眼睛，那樣會導致偏聽偏信，用審視的態度正確地認識自我的優點和缺陷，才能夠找到自己的位置和應該前進的方向。

　　舉世聞名的猶太裔物理學家愛因斯坦（Albert Einstein），曾經收到以色列當局的一封信，在信中，以色列政府大力讚美了愛因斯坦，並誠懇地邀請愛因斯坦前去擔任以色列總統一職。以色列是猶太國家，一個猶太人當上猶太國家的總統，可謂無上的榮幸，但愛因斯坦卻婉言謝絕了以色列政府的邀請，這讓很多人感到震驚。愛因斯坦說：「我整個一生都在和客觀物質打交道，因而既缺乏天生的才智，也缺乏經驗來處理行政事務以及公正地對待別人，所以，本人不適合如此高官重任。」

　　在面對命運如此的寵幸之下，愛因斯坦沒有被突如其來的榮耀沖昏頭腦，而是準確地認知到了自己的長處和不足，所以他拒絕了不適合自己的工作。我們完全可以從愛因斯坦的故事上進行思考，找準自己的優勢，了解並發掘自己的潛能堅持走下去，不被週遭的繁華所誘惑，那麼，我們在邁向成功的路上就能夠披荊斬棘、一往無前。

「我在哪裡？」
—— 不同的平臺創造不同的價值

　　山上有一家香火旺盛的寺廟，寺廟裡每天都有大量的遊人和香客前來進香。進香的香客往往都有著這樣或那樣的煩惱，寺廟裡的小和尚看著來來往往的香客不由得開始思考自己人生的價值。可他怎麼想也想不明白，難道每天唸唸經、敲敲木魚、掃掃地就是自己人生的最大價值，就是自己的人生歸宿了嗎？小和尚想到了寺廟的住持，住持可是寺廟中最睿智的人了，於是小和尚去找住持提出了自己的疑問。

　　住持說：「你去後山挑一塊石頭回來，然後拿去市集上賣。如果有人問你價錢的話，你不要講話，伸出兩個指頭就好了；要是有人跟你討價還價，你就不要賣了，直接抱回來。到時候我再告訴你人生的最大價值是什麼。」

　　小和尚聽完乖乖地跑去後山，搬了一塊光滑圓潤的大石頭回來。吃過齋飯後，小和尚一路背著大石頭下山來到了市集上。市集上賣什麼的都有，人聲鼎沸好不熱鬧。小和尚找了個地方放下石頭，坐下來開始售賣。

市集上的人看到這一幕都非常驚奇，圍著小和尚看熱鬧。終於人群中走出一個家庭主婦，她笑瞇瞇地走上前蹲下來問小和尚：「你這石頭怎麼賣呀？」小和尚按照住持的吩咐伸出了兩個指頭，主婦問道：「兩塊錢？」小和尚想從山上背下這塊石頭這麼辛苦，兩塊錢實在太便宜了，便搖搖頭，不肯賣。主婦接著問道：「那是二十塊錢嗎？那樣的話也行，我剛好可以搬回去壓酸菜。」小和尚又有點不好意思了，這只不過是一個隨處可見的平淡無奇的大石頭罷了，後山多的是，怎麼好收施主二十塊錢呢？小和尚想了想，抱著石頭跑出了市集。

回到山上，小和尚跑到主持的房間，向住持彙報自己賣石頭的見聞：「住持，今天我去山下市集上賣石頭時，一位女施主竟然願意花二十塊錢買我這不起眼的石頭，不過我沒好意思騙她，就沒有賣。您可以告訴我，我人生中的最大價值是什麼了嗎？」住持笑著說：「不著急，你明天吃過齋飯，再背著石頭去博物館旁邊賣。要是有人問價錢的話，你還是只伸出兩根指頭，等到別人第一次出價的時候，你就搖搖頭，如果他還價，你就不要賣了，把石頭抱上山，我再告訴你答案。」

第二天一大早，小和尚又背著石頭來到了博物館旁邊，一人一石的組合引起了遊客們的注意。這些遊客圍在一起，

七嘴八舌地討論道：「這小和尚為什麼要把這塊看上去普普通通的石頭放在博物館旁邊賣呢？」「這石頭哪裡普通啦，看看這光滑圓潤的外觀，再看看這石頭的光澤度，怎麼看也知道這不是一塊普通的石頭啦，而且一個小和尚賣的石頭肯定有玄機，只是我們功力不夠看不透天意啊！」

　　大家正討論著，人群中突然擠出一個西裝革履的人，他走上前蹲下身子，摸了摸石頭問道：「小師父，你這石頭怎麼賣？」小和尚不說話，只是伸出兩根手指，那人問道：「兩百塊？」小和尚吃了一驚，心想一塊破石頭還能賣到兩百？但他沒有表現出來，只是遵照住持的囑咐搖了搖頭，那人想了想說：「兩千塊就兩千塊吧！我把它買回去能雕成一尊威嚴的神像。」小和尚心裡又是一驚，天吶！一塊破石頭兩千塊都有人買，這也太離譜了吧！可是小和尚仍舊沒有賣掉大石頭，而是把它背回了山上。

　　回去之後，小和尚又將自己的見聞告訴了住持，小和尚說：「我都不敢想，就這麼一塊石頭居然能賣兩千塊錢，我覺得不能騙人就沒賣，又背回來了。」住持聽了忍不住笑起來說：「改天，你再把這塊石頭拿到山下的古董店去賣。還是按照我之前跟你說的，有人問價，你就伸兩根指頭，等他出價了你再搖頭，他如果還價，你就把石頭抱回來。等你回來，我一定告訴你人生的最大價值是什麼。」小和尚乖乖地回去了。

第三天，他又抱著那塊大石頭來到了古董店裡，古董店的顧客也非常多。不一會，人們開始圍著這塊石頭品頭論足，有人說這塊石頭看著像一塊天然風景石，還有人說這石頭像是唐宋時期的紫金石，非常具有收藏價值。小和尚聽著他們的話，眼觀鼻、鼻觀心地一言不發。

人們商討了很久，終於有一個人走過來問價。小和尚伸出兩個指頭，對方半信半疑地問道：「兩萬？」小和尚的吃驚已經明顯地表露在了臉上，但問價的人看到小和尚的表情以為自己出價太便宜而惹得小師父不高興，就連忙改口道：「我說錯了，我剛才想說的是二十萬，我給你二十萬，你把這石頭賣給我吧！」小和尚聽完嚇了一跳，抱著石頭就跑回了山上的寺廟。

小和尚馬不停蹄地衝到住持面前說：「住持，剛才有一位施主要出二十萬來買我的石頭。真是嚇死我了，我的石頭真的這麼值錢嗎？您讓我出去賣石頭到底有什麼目的，跟我的人生價值又有什麼關係呢？」

住持捻著念珠說道：「那我問你，這塊石頭的價值是多少？二十？兩千？二十萬？它只不過是一塊石頭，放在山上它一文不值；放到市集上，它能夠幫助主人家壓酸菜，所以值二十塊錢；放在博物館裡，那個人買回去能夠雕成一尊神像，所以它值兩千塊錢；在古董店裡賣，它被人買回去收

267

藏，能夠清心、益智、長壽、陶冶性情，所以它的價值更
高。你不就像這塊石頭一樣嗎？你把自己放在菜市場上，值
幾十塊錢；把自己擺在博物館裡，能值幾千塊錢；但如果你
把自己擺在古董店裡，價值就成倍地增加。你得明白你自己
是誰、應該在什麼地方、到底能發揮什麼作用，想明白這
些，幫自己定好位，你就會知道自己人生最大的價值究竟是
什麼了。」小和尚似懂非懂地點了點頭。

後來，由於山中多雨，上山的路上有一段石階壞掉了，
香客們經過這段路的時候都得提著萬分小心，因為之前好幾
個香客都不小心從這裡摔了下去，傷得十分嚴重。於是，小
和尚把那塊曾經價值二十萬的大石頭搬去和眾多平淡無奇的
石頭一起砌成了新的石階。看著無數的香客從穩固的石階踏
過，再也沒有任何一個遊客因為山路難行而摔倒，小和尚感
到非常欣慰，這時他才明白了住持所說的話。

不同的平臺，不同的定位，得出來的人生價值是完全不
同的。小和尚賣石頭的故事告訴了我們一個道理，一個人要
想知道自己的人生價值，首先要認準自己的定位，其次要明
白自己能夠發揮的作用是什麼，這樣才能在正確的位置上實
現自己的價值。

的確如此，不同的環境之下人們能夠學到的東西和創造
出的價值都是不同的。一瓶礦泉水，在批發市場上可能只

是幾毛錢；放到路邊攤上能賣到一塊錢；在景區買一瓶礦泉水，我們可能要花上雙倍甚至三倍的價錢；但到了高級會所，一瓶水甚至能賣到幾十塊。也許有人會問，水不就是解渴用的嗎？買那麼貴的水除了解渴難道還有的用途？堪稱全世界最奢侈的日本天然礦泉水 Fillico，瓶身的圖案是由施華洛世奇水晶和黃金塗層結合而成的，零售價是每瓶一百美元，每月還限售五千瓶。而被稱為貴族王室專用礦泉水的法國 Chateldon，甚至賣到幾千塊一瓶。這些高級水除了所用水源具有稀缺性這一特點之外，還能夠滿足消費者追求特別和高級人生的心理需求。一瓶高級飲用水既能夠展現自己的身分，又能在上等品牌中尋找精神寄託，在有經濟能力的情況下，人們又何樂而不為呢？

這就是個體在不同的平臺所展現的不同價值，一瓶水的價值尚且有如此大的差異，那麼，作為一個有理想有追求的人，我們就更應該思考了：「在我們的人生中，究竟要如何定位自己，要為自己找一個什麼樣的舞臺？」換言之，我們想做的是批發市場上的一瓶礦泉水，還是擺在高級會所中的一瓶高級飲用水呢？

「怎樣超越自我？」
—— 創造精彩的未來和非凡的人生

　　古代流傳著很多佛教的故事，其中有一則說的是高僧弘忍為了傳承衣缽，專門設下論佛會，請眾僧前來研討佛法，以便考驗眾位僧人對佛法理解的深淺。

　　在論佛會上，高僧弘忍讓在座的每個僧人作一首佛偈。當時，僧人中的後起之秀神秀當場作了一首佛偈：「身是菩提樹，心如明鏡臺。時時勤拂拭，莫使惹塵埃。」此佛偈一出，眾位僧人都深以為然，紛紛稱讚神秀對佛法的領悟之高深。一時間這首佛偈被寺廟中的僧人廣為傳頌。

　　另外一名僧人慧能沒有參加論佛會，而是在自己的房間裡研習佛法，聽到眾僧傳頌神秀的佛偈之後，慧能認為神秀的這首佛偈並沒有充分理解佛法的精深，便將這首佛偈稍作改動，改成了：「菩提本無樹，明鏡亦非臺。本來無一物，何處惹塵埃。」隨後，慧能請人把改動後的佛偈刻在了牆上。

　　寺廟中的僧人見到慧能所作的佛偈更為驚豔，都認為慧

能對佛法的理解更為高深。高僧弘忍見到這首佛偈之後，也甚為驚異，當夜便派人將慧能請到禪房中，與他坐而論道，暢談佛法，來測試慧能的禪學造詣深淺。經過一番討論之後，弘忍認為慧能的確是一個對佛法非常有研究的人，便把自己的衣缽傳授給了慧能。

從這兩首佛偈中，我們可以看出來慧能對佛法理解更為高深。但生活中，我們不需要像慧能一樣做到如此的超凡脫俗、遠離塵世，我們能做的便是如神秀所作的那首佛偈一樣：經常進行自我認知、自我思考、自我反省，不讓自己的心中落有塵埃。因此，正確認識自我，是我們走向成功的關鍵，也是我們超越自我的關鍵。

有人曾經提出這樣一個問題：「在這個生物種類繁多的世界中，哪個生物的力氣最大呢？」有人說是大象，一隻成年的大象能夠把一顆粗壯的樹木連根拔起；有人說是鯨魚，在浩瀚的海洋中，鯨魚甚至能夠撞翻一艘遠洋巨輪；也有人說是螞蟻，因為這些看上去不起眼的小東西，竟然能夠舉起超過它們本身體重十多倍的物體；還有人說是植物的種子，因為種子發芽的力量甚至能夠擊穿人類的頭蓋骨。

人類的頭蓋骨密度非常高，結合得緊密且牢固。很多生物學家和解剖學家曾經絞盡腦汁，想要把人的頭蓋骨完整地分開，但他們嘗試了很多種方法都沒有成功。後來，有一個

人突發奇想，把一些植物的種子放在了需要剖析的頭蓋骨中，並給予這些種子適當的溫度和水分，讓它們有了能夠發芽的條件。結果，驚人的一幕出現了：這些種子在發芽的時候，釋放出的力量竟然把一切機械力都沒能完整分開的頭蓋骨分開了。

這令許多人震驚不已，誰能想像到，就是這樣一顆再微小不過的種子，居然有這樣強大的力量！如果我們仔細思考的話，也許我們會很容易明白，在生活中，無論處在多麼惡劣的環境之中，總會有一些看上去平淡無奇隨處可見的植物向著陽光不斷地生長，不論壓在它們身上的是磚石瓦礫還是鋼筋混凝土，它們都能夠頑強不屈地進行打拚，這種不斷超越自己的精神不得不讓人欽佩。

其實不管是能夠連根拔起大樹的大象、能夠撞翻遠洋巨輪的鯨魚，還是能夠舉起超過自身重量十多倍的螞蟻，抑或是能夠擊穿人類堅硬頭蓋骨的種子，它們所做的事情，正是對自我的超越，而人類也從來沒有停止過超越自我的步伐。

古雅典的著名政治家、辯論家狄摩西尼（Demosthenes），一生下來就有口吃的毛病，嗓音也極為纖細，說話的時候像個嬌弱的小女孩在喃喃自語，甚至還和很多口吃者一樣有著擠眼、聳肩、跺腳等附帶動作。

然而，最不幸的是，狄摩西尼如熱愛自己的生命一般熱

愛演講，這彷彿是上天給他開的一個惡意玩笑。但是狄摩西尼從來沒有抱怨上天為什麼唯獨要給他這樣一個缺陷，他沒有因為自己口吃的毛病就放棄他所熱愛的演講。

狄摩西尼對自己的要求非常苛刻，付出了多於常人許多倍的努力：他不辭辛苦地前去向當時著名的演說家請教發音方法和辯論技巧；為了改掉自己氣短和容易口吃的毛病，他常常一邊攀爬著陡峭的山峰，一邊大聲地朗誦；為了改善自己的發音問題，他每天在嘴裡含著一枚小石子朗讀詩文，並迎著劇烈的風和不斷起伏的海浪練習演講；平時在家裡，他則是早起晚睡地對著家裡的一扇大鏡子練習演講；為了改掉自己說話聳肩的壞毛病，他甚至在自己的肩膀上方懸掛了兩把劍。經過不懈的努力，狄摩西尼終於超越了自己，成了一名舉世聞名的辯論家。

從一個口吃者到一個能言善辯的辯論家，可以說，狄摩西尼創造了一個奇蹟。狄摩西尼的故事也告訴了我們一個道理，透過不斷的努力去與自己溝通，在不斷的溝通中超越原來的那個自己，能夠讓我們的生命上升到一個新的高度，讓生活揭開不一樣的精彩篇章。

有人曾經總結過人一生中的三次成長：第一次成長是在發現自己不是世界中心的時候；第二次成長是發現有些事情，無論我們付出怎樣的努力，仍然無法改變結局，束手無

策、無能為力的時候；第三次成長是明知道事情結局難以改變，也想咬著牙堅持下去，哪怕只有一絲絲遙不可及的希望，也不願意輕言放棄的時候。

其實，第三次成長不正是我們對自己的超越嗎？只不過很多人都在經歷過第二次成長之後，便沉浸在無能為力的失落中無法自拔，再也提不起奮鬥的勇氣，所以才會埋沒在茫茫人海中，安於碌碌無為的生活，和成功永遠地失之交臂。還有一些人沉浸在微不足道的勝利中沾沾自喜、得意忘形，停止了繼續努力的步伐，直到被他人超越，從當初的首屈一指到落於人後，止步於暫時的勝利，無法更進一步，更不用說超越自己了。

那麼，我們怎樣才能夠做到超越自我呢？

首先，我們要具備的是一個堅定的信念，這是一個人超越自我、取得成功的關鍵因素。歷史上不乏有這樣信念堅定的人，西漢時期偉大的史學家、文學家司馬遷，曾經飽受牢獄之災和腐刑之苦，但正是因為他繼承了父親的遺志，秉承著「通古今之變，成一家之言」的堅定信念，才會面對極刑毫無怯色，忍辱負重，寫出了為魯迅先生所盛讚「史家之絕唱，無韻之《離騷》」的中國第一部紀傳體通史《史記》。

其次，除了堅定的信念之外，我們還需要有堅強的態度。

　　美國的腳踏車運動員蘭斯·阿姆斯壯（Lance Edward Armstrong）被大眾稱為「傳奇英雄」，其原因除了他運動生涯的輝煌之外，還有他對於生命的堅強態度。

　　在一次比賽中，阿姆斯壯的隊友卡薩特里在完成庇里牛斯山一個非常艱苦的爬坡之後，在下坡的時候，和另外一群選手撞到了一起，頭部嚴重受傷，不久，因醫治無效而死亡。曾經攜手參加過無數場比賽、經歷過無數風雨的隊友就這樣猝然離世，無疑令阿姆斯壯悲痛萬分。他曾無比難過地說：「就在卡薩特里去世的前一天晚上，我們還曾在一起吃了晚飯。他的去世是我這一生最痛苦的回憶，在腳踏車比賽中任何一次失敗和失望都無法與此相比。」

　　失去並肩作戰的隊友令阿姆斯壯傷心欲絕，而外界頻頻傳出的關於他服用禁藥的謠言更讓他憤怒不已。可以說他是腳踏車運動史上被尿液檢查頻率最高的車手了，但每一次比賽的藥檢結果都明確地顯示：阿姆斯壯完全符合國際腳踏車聯合會公布的藥檢規定。但謠言依舊屢禁不止，很多人甚至不願意相信真相，一廂情願地認為他是一個作弊、不光彩的選手。然而，阿姆斯壯沒有想到還有更大的災難在等著他。

　　1996 年，年僅二十四歲的阿姆斯壯罹患癌症，等到醫生檢查的時候才發現病變的細胞已經擴散到了阿姆斯壯的腦部和肺部。醫生說他存活下來的機率只有 30%，阿姆斯壯毅然

決定鼓起勇氣賭上一把。結果，上天眷顧了這個頑強而勇敢的年輕人，在經過切除腫瘤、開顱手術和化療等一系列治療之後，阿姆斯壯的癌症痊癒了！

兩年後，健康的阿姆斯壯重新返回腳踏車隊。當有人問及他曾經那段痛苦不堪的經歷時，阿姆斯壯平靜地說：「我能夠生存下來，已經是一個奇蹟。」他甚至無比感激地在自己的自傳中寫道：「患上癌症，可能是我生命中遇到的最好的事情，因為經歷了痛苦，你變得更加堅強，而腳踏車運動需要堅強。」

正是阿姆斯壯這種堅強的人生態度，陪著他度過了一個又一個難關，讓他不斷地超越自己，為自己的生命增添了別樣的輝煌。

再次，要做到超越自己，我們還需要莫大的勇氣。從自然界的一種生物 —— 蝴蝶來看，我們就能發現勇氣所發揮的巨大作用。每一隻蝴蝶都是由一條醜陋的毛毛蟲蛻變而來的，化蝶的過程無疑是要置之死地而後生，牠們只有在繭中不斷地改變自己的身體，在時機成熟的時候破繭而出，才能夠以更新更高的姿態去重新觀察和認識這個世界，迎來不一樣的生活。試問，換作我們，在不破不立的緊要關頭是否有著置之死地而後生的勇氣呢？在遭遇了挫折和失敗的時候，我們又是否有東山再起的魄力？

　　超越自我是一個向內、漫長、偉大的溝通過程，在這個過程中，我們能夠令自己的眼界不斷得到開闊，令自己的心靈變得更加豐富，令自己的品格更加堅忍、優秀，令我們走向成功的步伐更為堅定，也讓我們擁有不平凡的、更加精彩的人生。

電子書購買

爽讀 APP

國家圖書館出版品預行編目資料

從不得不聽到選擇傾聽，心理學提升溝通力：無聲勝有聲！用心交流勝過情緒宣洩，溝通中獲得有價值的資訊 / 李豐豔 著 . -- 第一版 . -- 臺北市：崧燁文化事業有限公司 , 2024.07
面；　公分
POD 版
ISBN 978-626-394-457-2(平裝)
1.CST: 傾聽 2.CST: 說話藝術 3.CST: 人際傳播
177.1　　113008563

從不得不聽到選擇傾聽，心理學提升溝通力：無聲勝有聲！用心交流勝過情緒宣洩，溝通中獲得有價值的資訊

臉書

作　　　者：李豐豔
責任編輯：高惠娟
發 行 人：黃振庭
出 版 者：崧燁文化事業有限公司
發 行 者：崧燁文化事業有限公司
E - m a i l：sonbookservice@gmail.com
粉 絲 頁：https://www.facebook.com/sonbookss/
網　　　址：https://sonbook.net/
地　　　址：台北市中正區重慶南路一段 61 號 8 樓
8F., No.61, Sec. 1, Chongqing S. Rd., Zhongzheng Dist., Taipei City 100, Taiwan
電　　　話：(02) 2370-3310　　　傳　　　真：(02) 2388-1990
印　　　刷：京峯數位服務有限公司
律師顧問：廣華律師事務所 張珮琦律師

定　　　價：375 元
發行日期：2024 年 07 月第一版
◎本書以 POD 印製
Design Assets from Freepik.com